岩波現代文庫/文芸292

行方昭夫

英語の
センスを磨く

英文快読への誘い

岩波書店

まえがき

　「国際化の時代なのだから，外国の人と英語で意見の交換をしてみたい．英語を介して，世界中の人とコミュニケーションを持ちたい」．このように望んでいる日本人は驚くほどたくさんいます．極端に言えば，そう思っていない人は1人もいないと言っても過言ではないかもしれません．しかし，その「悲願」を実現するために，果たしてどうするのか，ということになると，途端に曖昧になるのが普通です．曰く，「文法とか，例文の暗記とかは，ごめんだ．学校でもうたくさんやらされて，うんざりしている．自分とは相性が悪い．大体，自分は文法とか，英文和訳，英作文なんかは，興味ない．本当にやりたいのは，実際に役に立つ会話だけだ」．けれど，本当にそれでいいのでしょうか．会話の練習だけで，あなたは満足していますか？

　本書『英語のセンスを磨く』は，上に述べたような人たちには敬遠され気味の，英文解釈・英語の読解力を，本気で身につけようと考えている人を対象にしている本です．英語の学習では，読む，書く，話す，聞くという，いわゆる4技能を，できればまんべんなく発達させるべきだ，と考えている点で，私は人後に落ちません．ただこの4技能は有機的に結びついているとも考えています．どれか1つだけ身につける，というのは現実にはありえないのです．

英語の読解力は，英語を聞き，話す際にも必ず役に立ちます．それから，「自分は辞書があれば，英語の読み書きはできるけど，外国人と喋るのは駄目だ」と公言する人が，少し前までは結構いたのですが，それはむしろ減ってきているようです．インターネットなどで実際に自分の読む能力が試される機会が増え，否応なしに読む力も本当は不足しているのだと痛感したからでしょうか．どのような体験によるにせよ，自分の読解力がまだまだ不足だと気づき，それを真に役立つレベルにまで高めたいと願い，そのために必要な努力を惜しまない，と考える人のために，本書を執筆しました．

For Advanced Readers

世間には英語の基礎作りのためとか，やり直しのためとかいう本は，びっくりするほど多く出ています．けれど本書は，そういう段階は終わり，ワンランク上の英語(Advanced English)を目指そうと考えている人を読者として念頭においています．具体的に述べましょう．英字新聞，週刊誌などを，辞書を手にして読んでみるとすると，自分の関心分野ならなんとか意味が分かると思うけれど，正直いうと自信はない．自分としては正しく読めているようにも思えるけれど，日本語を読んでいる時とは違う．いまいちはっきりしない．外国語なのだから仕方がないと諦めることもあるけれど，可能なら英語圏の人と同じように読めるようになりたい．そのためにかなりの骨折りと忍耐が要るのは当然だと考えているつもりだ——このような考えの

人なら，この本からきっと多くのものを学び，理想とする読み方に到達すると確信します．

コンテクストを重視する

　次に，私がどのような態度で英文の読み方を深めようとしているか，お伝えしておきましょう．原文を隅々まで，文法的にも内容的にも理解する——その場合，執筆者や登場人物の意図，心理なども可能な限り探ろうとします．別の言葉で言うとコンテクスト，つまり文脈とか文の前後関係を非常に重視するのです．いわゆる精読・味読ですけれど，私の方法を一層確にするため，分かりやすい具体例を挙げましょう．Are you a boy or a girl? という文はどういう意味でしょうか．普通男の子か女の子か，見れば分かるはずですから，考えてみると奇妙な質問です．

　ここで，まずコンテクストがどうであるのか，つまり，どういう状況のもとで，どういう人物が誰に言ったのかを確かめます．例えばこんな状況がありえるでしょう．17歳の都会育ちのトムが田舎に住む昔気質の祖父を訪ね，トムを見た祖父が発した言葉だとすると納得できます．つまり，少年が男であるのは，むろん承知しているのです．トムがまるで女の子のような服装で，イヤリングをしているのに驚き，呆れ，思わず性別を尋ねたのでしょう．怒っているのなら「お前，それでも男か！」とでも訳せますし，もし嫌味を言うタイプの人なら「きみは男だっけ，それとも女の子だったかな？　じいちゃん，この頃，目も悪いし忘れっぽいんだ」くらいの感じになるでしょう．

私は正確に雰囲気を摑むのが一番大事だと考えています．後述するように，読者に翻訳する力も身につけて欲しいと願っていますが，きちんと文章の背後まで読むことができれば，おのずから訳すこともできるはずです．これはやさしい英文の例でしたが，本書にたくさん収録したもっと複雑な文章の場合でも，すべて私はこのような姿勢を貫いています．

読者の視点から

　英語のセンス，とくにきちんと読むセンスを効率よく身につけようとする時にとても大事なのは，選び抜かれたよい英文で学ぶということです．本書では，やや誇張して言えば，私が16年間かけて英米のあらゆる分野の英文から選んだ最良の材料を使っています．これは一朝一夕に集められるものではありません．

　実はこういう事情がありました．私は日本最古の英語・英文学の月刊誌である『英語青年』の「英文解釈練習」欄を1986年11月号から今日まで隔月に担当してきたのです．この仕事で一番苦労したのが，課題文の選定でした．2カ月かけてあれこれ探し，時には友人に援助を仰ぎ，大人が読んで興味の持てる内容で，約200語でまとまっていて，前後の文章がなくともそこだけで分かり，しかも英文としてある程度難しい，という多くの条件を満たす材料を探すのに，骨を折りました．私は英米文学が専門なのですが，決して文学作品に偏るようなことはせず，可能な限り新聞，週刊誌の記事，エッセイ，評論，書評など幅広いところか

ら選ぶようにしました．さまざまな関心を持つ読者のニーズに合うように心掛けたつもりです．また英米のいずれにも偏らず，時代も現代中心ですが，適当と思えば19世紀のものも時には対象としました．こうして選んだ100点の中から，さらに選び抜いたのが本書の30点の課題文です．

　英文をとことんまで味わうにはどうするのがよいか，その解説にも上のコラムを長年担当した経験を生かしました．『英語青年』の投稿者のレベルは総じて高く，中には海外で活躍してきた商社マンもいて，「外国人の部下を使い，不自由なく英語で仕事をこなし生活してきたつもりだったが，英語が本当には分かっていないのを悟った」というので投稿してくる人もいます．このような人を含め約100名の投稿者が課題文の訳を送ってきます．これにABCの成績をつけ，優秀作を添削するのです．この体験で多くのものを得ました．予想もしなかった解釈を示し，しかもそれが私の考えていたものより優れ，正確である，ということもありました．しかし何よりも英語の基礎までは立派に終えた人が，上を目指す時にどこで何に躓くか，それを知ることができたのが，私には大きなことでした．あるレベルの英文は自由自在に読みこなす人が，ほんの少しレベルの高い文になると，突然まったく読めなくなるのは何故か．どう導けばよいのか．このようなことも学ぶことができました．本書ではこれらのすべてを活用しています．さらに，私は長年数多くの大学，大学院で教え，さまざまなタイプの若者に接してきました．この経験も充分に生かせたと信じます．もし本書の解説が「痒いところに手の届く」もの

であるとすれば，このような事情のおかげです．

本書の読み方

　読者それぞれの好みでどこから読んでいただいても結構なのですが，私としては，次のような順序で進んでいただけると効果が大きいと考えています．全体をまず大きく第Ⅰ部「コンテクストを手がかりに読む」と第Ⅱ部「文体と内容を味読する」に分けました．第Ⅰ部では課題文に続けて訳文を示し，それに続く解説でどういう過程を経てこういう訳文に到達したかを知っていただけるようにしました．第Ⅰ部は，今後どんな英文に接した場合にも応用の利く厳選した11題ですので，解説も特に詳細に，分かりやすくしました．何度も何度も読んで，英文を友人などに説明できるまでに理解を完璧にして下さい．そして解説から，私の理想とする英文読解のセンスを身につけて欲しいと願います．

　そこまで進んだら第Ⅱ部です．今度は読者の出番です．主役を演じて下さい．第Ⅰ部では受動的でもかまいませんが，第Ⅱ部では是非能動的になり，ペンで書くなりキーボードを叩くなりして自分の訳文を書いて下さい．課題文の次にたっぷりヒントをつけてありますから，必要に応じて利用して下さって結構です．ヒントの中に当該英文の読みに関係の深い第Ⅰ部の課題文の番号を《6》のように記してあります．単語，熟語の説明もありますが，辞書を引く手間を省かせるためではないので，辞書を引いても分かりにくいものに限りました．ヒントを利用して，自分の訳文が

完成したら，解説の次にある私の訳文と較べて下さい．大体同じであるなら，もう実力がついた証拠ですから，次の課題に進んで下さい．しかし，そうでない場合，あるいは訳文を作るほど分かっていない場合，解説をじっくり読んで下さい．時には第Ⅰ部に戻る必要もありましょう．その上で再度訳文を作って下さい．とにかく私の訳文と大体同じものができるまで忍耐力を発揮して欲しいです．

解釈と翻訳

　私は本書で「このように読む」と「このように訳す」というのを，ほぼ同一のものとして扱っています．ところが，よく質問されることの1つは，「意味はちゃんと分かっているのだけど，うまく訳せない．翻訳のコツを教えて欲しい」というものです．確かに翻訳と英文解釈とは一応別のもの，というのが一般の考えかもしれません．また前者は直訳に近いもので，後者は意訳に近いというように区別する人もいるようです．あるいはそういう面もありましょう．しかし私は両者に差を認めるのは好みません．そんな区別にはたいして意味がないと思います．現に，上の質問をした人に，本当に「ちゃんと分かっている」かどうか ── ちょっと意地悪ですけれど ── 尋ねてみると，生半可な理解であったと判明することが非常に多いのです．正しく読めるようになれば，そして日本語の表現力がある程度あれば，リーダブルな訳文が作れると信じます．

　前述した Are you a boy or a girl? について，正確な解釈がそのまま正しい翻訳につながったのを，納得していた

だいたと思います．何のことか考えないで，ただ辞書の訳語を適当につなぐ作業は英文解釈の名に値しません．本書の読者としては，本格的な解釈力を向上させたい人の中に，大学院に進学し専門分野の英文図書を読む能力をつけたい人や翻訳を目指す人も視野に入れています．前者にとって「このように訳す」のは，一見不要にみえるかもしれませんけれど，本当に読めているかどうか確認するのに「訳すこと」が有用なのは，もうお分かりでしょう．また後者のために，特に「翻訳のコツ」を説いていなくとも，読み方への助言がそれに相当していることもお分かりいただけたと思います．

ではいよいよこれから一緒に，英文を英語圏の知識人と少しも変わらぬレベルで味読できるようになるための旅に出発しましょう．全行程を無事に終えれば，輝かしい新世界が広がると保証しますが，楽な旅ではないので，どうか途中でドロップ・アウトしないように充分気をつけて下さい．

　　2002年12月8日

行 方 昭 夫

凡　　例

OED: *Oxford English Dictionary*
Webster: *Webster Third New International Dictionary*
COBUILD: *Collins Cobuild English Language Dictionary*
　（引用は 1987 年刊行の初版より）
LDCE: *Longman Dictionary of Contemporary English*
『大英和』：研究社新英和大辞典(研究社)
『リーダーズ』：リーダーズ英和辞典(研究社)
『フェイバリット』：フェイバリット英和辞典(東京書籍)
『熟語辞典』：新クラウン英語熟語辞典(三省堂)
『英文法解説』：江川泰一郎著『英文法解説』(金子書房)
cf.: ……を参照せよ．
ex.: 例

目　次

まえがき
凡　例

第Ⅰ部　コンテクストを手がかりに読む ………… 1

1　訳語は常に創造するもの ……………………… 2
　　訳語が辞書にないときは……………………… 3
　　You と I が同じとは？ ……………………… 12
　　ホレーショーの哲学？　20
　　慣れた訳語にまどわされない ………………… 21

2　文法知識を活用する ……………………………… 29
　　省略を補う ……………………………………… 30
　　Who Killed Kennedy?　38
　　挿入語句の役目は？ …………………………… 39
　　聖書と Shakespeare からの名句　47
　　過去完了の読み方 ……………………………… 48

3　「常識」を柔軟に用いる………………………… 56
　　常識を必要とする場合 ………………………… 57
　　心に残る言葉　65
　　常識が邪魔になる場合 ………………………… 66

4 文と文のつながり ……………………………………… 74
　　緻密な論旨の展開を追う ……………………………… 75
　　文章どうしの関係 ……………………………………… 82
　　多読への誘い　90
　　前半と後半の関係 ……………………………………… 91

第Ⅱ部　文体と内容を味読する ……………………………… 99

1　新聞記事を読む ………………………………………… 100
2　高級週刊誌・月刊誌を読む …………………………… 117
3　エッセイを読む ………………………………………… 134
4　評論を読む ……………………………………………… 157
5　伝記を読む ……………………………………………… 182
6　戯曲を読む ……………………………………………… 199
7　小説を読む ……………………………………………… 215
8　難解な文章に挑戦 ……………………………………… 231

あとがき ……………………………………………………… 255
現代文庫版あとがき ………………………………………… 259

第 I 部

コンテクストを手がかりに読む

1
訳語は常に創造するもの

　英和でも英英でも,辞書を引いて溜息が出ることはありませんか.簡単な単語でも,1語に対してずいぶんたくさんの意味が載っていることです.もちろん文章全体のコンテクストから考えて,どの意味がふさわしいか探すわけですけれど,あまりたくさん選択の余地があると迷ってしまいます.でもそれだけに,これがぴったりだという訳語を選べたり,自分の調べている文章がその辞書に用例として載っていたりすると,とても幸せな気分,充足感を味わうことができます.ところが,そんなに多くの訳語が載っているにもかかわらず,いくら探しても,コンテクストにぴったりの意味が見つからないとしたらどうしますか.大きな辞書なら出ているかと思って,『大英和』や『リーダーズ』にあたっても,さらに,*OED* や *Webster* にあたっても駄目かもしれません.といって辞書が悪いのではないのです.辞書にある情報をもらった上で,目の前のテキストのコンテクストに合致する意味をよく考え,訳語を自分で創造する必要があります.以上述べたことに注意しながら3つの課題文を取り上げてみましょう.

▶ 訳語が辞書にないときは

《1》

The clocks up at the villa must have been all wrong, or else my watch did not go with them, or else I had not looked often enough at it while rambling about the town on my way to the station. Certain it is that when I got there, at the gallop of my cab-horse, the express was gone. There is something hatefully inexorable about expresses: it is useless to run after them, even in Italy. The next train took an hour and a quarter instead of forty minutes to cover the nineteen miles between Pistoia and Florence. Moreover, that next train was not till eight in the evening, and it was now half-past five.

I felt all it was proper to feel on the occasion, and said, if anything, rather more. Missing a train is a terrible business, even if you miss nothing else in consequence; and the inner disarray, the blow and wrench to thoughts and feelings, is most often far worse than any mere upsetting of arrangements. A chasm suddenly gapes between present and future, and the river of life flows backwards, if but for a second. It is most fit and natural to lose one's temper; but the throwing out of so much moral ballast does not help one to overtake that train.

—Vernon Lee

Vernon Lee (1856-1935) のエッセイ集 *Hortus Vitae* (1907) より．

【訳文】 丘の上の別荘の時計が全部狂っていたに決まっている．そうじゃあないと言うのなら，私の時計が別荘の時計と合ってなかったのだろう．さもなければ，駅に行く道すがら町の中をぶらぶらしていた時に時計を見るのが充分じゃなかったのかもしれない．原因ははっきりしないけれど，とってもはっきりしているのは，馬車を飛ばして駅に着いた時に急行が出てしまったことだ．急行には憎たらしいほど無情なところがある．時間にだらしないイタリアでも，追いかければ止まってくれる，ということではないのだ．次の列車だとピストイア・フィレンツェ間の19マイルを行くのに1時間15分もかかる．急行ならたった40分なのに！　その上，鈍行が出るのは午後8時で，今はまだ5時半なのだ．

　私は，こういう場合に人が感じる怒りのすべてを感じ，その上，まずいことに，感じている以上に悪態をついてしまったようだ．何しろ，列車に乗り遅れるというのは，乗り遅れた以外に不都合なことが何もない場合でも，実にひどい事態なのだから仕方がない．内心の動揺，思考と感情への打撃と苦痛といったら，ただ予定が狂うというようなことでは済まない．ずっとたちが悪いことが多い．現在と未来との間に突然ぽっかり穴があき，人生の流れが──ほんの1秒だけにせよ──逆流する．自制心を失ったとしても，ごく当然だし自然のことだ．でもいくら心の重石を投げ捨てて身軽になってみたって，急行に追いつくことは絶対に出来はしないんだから，まったく嫌になる．

解　説

辞書が頼りにならない？　　英文を読んでいて自分の知らない単語，熟語に出会えば，まず辞書に手を伸ばす，というのは日本では当然のことですね．辞書にはいろんな意味が出ていますが，その中からコンテクストに見合った訳語を探すわけです．ところがいくら大きな辞書に当たっても，適切な意味が出ていないという経験はありませんか？　初級，中級レベルまでなら，適切な訳語は英和辞典に出ているものと，安心していても大丈夫です．何しろ英和辞典はどれも優れていますから，万一自分の手元の辞書になくても，図書館などで大き目な英和辞典を引けばまず見つかります．

　でも中級から上級段階に入ると，そうもいかなくなることもあるのです．「大型の英和に意味が出ていないなんて！　もうお手上げだ」と嘆かないでください．そもそも英和辞典の役目は，単語，熟語の意味合いを伝えることですが，コンテクストは無限にありますので，すべての場合に当てはまる訳語を列挙するのは不可能です．その場合，場合にふさわしい訳語，原文の雰囲気にぴったり合う日本語は訳者が辞書を参考にしつつ，自分の判断で自分の頭から生み出すものなのです．これから本書全体でそういう実例にふんだんに出くわしますが，この課題文では，中ほどにある if anything に注目してください．最後のほうの moral ballast という単語も辞書の意味だけでは解決しません．では冒頭から注意深く読んでいきましょう．

文章の調子　　著者の Vernon Lee (1856-1935) は長年イタリアのフィレンツェに住んでいたイギリスの裕福な女流評論家です．ペイター，ワイルドなどと交友がありました．イタリアのルネッサンス美術に関する著書などが多くある才女で，彼女とやはり親しかったヘンリー・ジェイムズは，最上級のインテリと称賛しています．この文は彼女のエッセイ集 *Hortus Vitae* (1907) に収められた 'Losing One's Train' から取りました．一読して，意気軒昂なインテリ女性の生きのよい文章だと推察できるのではないでしょうか．全く古さのない文です．生真面目な人が慎重に書いた文とは正反対で，大胆に自由奔放に一気に書いたという印象です．目の前の英文をまず数回，全体の論旨や雰囲気を探りながら，初めから終わりまで読んでみましょう．文章の調子が，真面目かふざけているか，皮肉か冷静か，断定的か遠慮がちか，論理的か飛躍があるか，など見分けなくてはなりません．それは結構難しいのですが，この文章は著者が自分の個性を積極的に出そうとしているので，特色がつかみやすいと思います．翻訳する場合はもちろんですが，英文を読み解く時にも，作者の文章の調子が読み取れなければ，文章を正確に理解したとは言えません．以下，文体の癖に注意しながら意味を捉えていきます．全体が急行列車に乗り遅れた話であるのは分かりますね．

clocks up at the villa　　これを「別荘の2階の時計」と取った人はいませんか．誤りですよ．英語表現の習慣で，まず up と漠然と平地から見て「上の方」だと伝え，次に

at the villa と「具体的には別荘で」と絞って述べるのです．「彼は私の顔を叩いた」を英語で He struck me on the face. と「大まかに私を」と述べてから「詳細に顔を」と説明するわけです．参考までに述べますが，サマセット・モームの中編小説 *Up at the Villa* はフィレンツェの丘の上の別荘を舞台にした話です．

　急行に乗り遅れた責任は，どこにあるのでしょう？　著者が別荘を出た時，そこの時計では列車の出発に間に合うはずだったのに，遅れたのはあそこの時計が皆狂っていたせいだと述べています．しかし自信がないのか，そうでなければ……と他の理由も挙げていますね．or else「さもなければ」が数回繰り返されているのが滑稽ですね．I had not looked often enough at it と自分に落ち度があったようなことを述べたかと思うと，すぐ次に rambling about the town などと，のんびりぶらぶらしていたとぬけぬけと書いています．矛盾といえば，at the gallop of my cab-horse「私の馬車を目いっぱい走らせて」とありますね．

乗り遅れた本当の理由　　どうやらこの著者は，時間厳守のイギリスで生まれたのであっても，イタリアに長く住むうちに時間にだらしなくなってきたようです．最初は駅に行く途中で町の様子などをゆっくり見物していて，急に遅れに気づき，馬車を飛ばしたのでしょう．自分が悪いのに，自分を置いて出て行ってしまった急行に文句を付けているのですね．鈍行の普通列車なら遅れた客を待ってくれるとでも言うのでしょうか．アバウトな書き方は面白いと言え

ば面白いですね．4行目のCertain it is という形容詞が冒頭に来た倒置文は，腹立たしい書き手の気分が出ています．There is something hatefully inexorable「憎たらしいほど無情なところがある」というのも，まるで列車が意地悪で，急行だからと乙に澄ましている，とでも言わんばかりの，この著者ならではの"自己中"な言い方です．even in Italy はどんな意味合いでしょうか？　あるゼミで「女性に甘い国でも」と「狭い国であっても」という意見が出たのを思い出します．私の解釈は訳文で示しましたが，ぼかしたままで読者の想像に任せて理由は伏せてもいいでしょう．

The next train　　次の列車の話が出ますが，著者はそれに乗ったのでしょうか？　took an hour and a quarter を「1時間15分かかった」と直訳すると，乗ったことになりますから要注意です．駅員から聞いた情報を伝えているだけです．They said that を the train の前に付けて考えるべきです．付けなくても分かるからというので，筆者は省略しています．同じく，次の that next train was not till という表現も，「まで出発しない」という意味なのは見当がつきますがやや乱暴な書き方で，筆者の性格が出ています．

　後半に入ります．13行目の felt all it was proper to feel on the occasion は直訳すれば「こういう折に感じるのが適切であるすべての感情を感じた」となります．列車に乗り遅れた時には誰でも，「頭にくるなあ！」と感じますが，

ここで proper という単語が出てくるのには，この文が 1907 年という，まだヴィクトリア時代のお上品な風潮の名残の強かった時期に書かれたことと大いに関係があるのです．朝廷で下品な言葉を使った貴族が追放されるような時代だったのです．心の中で，例えば，「こん畜生．列車の奴め！」と感じても proper(大丈夫)ですが，それを言葉に出して，聞いている人がいたら，当時の社会通念に背くことになったのです．筆者はどうやらそうしてしまったようですね．

said, if anything, rather more　　もっとも難しい箇所にきました．解釈が分かれて当然でしょう．if anything は多くの英和辞典には「どちらかと言えば」という意味が出ています．多くのコンテクストで当てはまる可能性が高い訳語ですし，この句を後の rather more にかかると解釈するのならば，ここでも間に合います．しかし私は前の said あるいは said rather more 全体にかかると取ります．この句は if I did anything「もし私が何かをしたとすれば」の省略だと思うのです．訳としては，内容をとって，「私としたことが」とか「こともあろうに」とかも良いでしょう．筆者は上流婦人なので，口にしなければよかったけど，思わず言ってしまったわ，と後で反省しているのです．このように，目の前の英文のコンテクストにぴったりの訳語が英和辞典にあると期待しても，それは無理というものであり，むしろ適切な訳語は自分が作るもの，だと覚悟するほうがよいのです．

さて，rather more とは何でしょうか．比較級があったら，文面に出ていない than〜の部分を推察するのが大事です．前後をしっかり読むと，心の中で感じたことより多くの言葉を口にした，というのだと分かりますね．ところで，この発言をした時，そばにいた駅員か誰かの耳に入ったのでしょうか？　筆者は大胆な女性のようですから，小声でなく大声で言ったものと推測されますね．

Missing a train 以下数行の役目　　大声で急行列車に悪態をついたのを，この時代の婦人としては，聞いていた駅員にも，さらにこの文の読者にも，弁明する必要があると思い，「なるほど．それじゃあ悪態が出ても仕方ないわ」と納得して貰いたいのです．一般論になりますが，英語では納得できにくい発言の後には，その弁明，理由が続きます．ここでも同じなのです．列車に乗り遅れることは，terrible business「ものすごい事柄」だと言い，心の乱れ，過去と未来の断絶，時の流れの逆流などと述べていますが，大げさだと思いませんか？　自分が時間を誤り，町の見物などしたから，乗り遅れた．それも鈍行ならその日の中に行けるのだから，そんなに大騒ぎしなくてもいいのに！筆者はそんなことは承知の上で，わざとおどけて怒ってみせているのです．課題文全体の調子がこのような，やや悪ふざけのような，技巧的なものだと気づきましたね．この文章に大真面目に対応したのでは面白味を見失ってしまいます．

ballast は重石でいいか　　22 行目の throwing out of so much moral ballast とは何でしょう？　辞書で訳語をたどれば，「そんなに多くの精神的な重石を捨て去ること」となります．ballast は軽気球のゴンドラに積む砂袋で，上昇するときは砂を捨てて軽くするものです．船の場合は，喫水を大にするために船底に積む重石です．しかし，ここでは，比喩的に使われていて，前の lose one's temper「立腹する，自制心をなくす」の言い換えにもなっています．遠慮せずに怒鳴り散らす，悪態をつくことを指しています．ですから前後を含めて訳せば，「いくら悪態をついたところで，汽車に追いつけるものか」となります．辞書にある「重石」という訳語はこの場合もそのままでは使えません．【訳文】では，工夫してバラストの「重石」のニュアンスを出そうと試みてみましたが，どうしても無理なので不自然な日本語になりますね．一般的には，辞書の訳語にこだわらないでコンテクストから自力で訳語を作るほうがオーソドックスな道です．

　著者は途中で多少脱線しても，最後の一文で巧みに結論をまとめています．さすがに才女だと感心しました．とてもモダーンで粋で 100 年前の文章だとは信じられませんね．

▶ You と I が同じとは？

―――《2》―――

 Well, ma'am, I don't know as he exactly proposed at all. You see, it was like this. I'd been walking out with him for something like two years, and he never said anything that you could take hold of, so to speak, so at last I said to him: Well, what about it? What about what? he said. You know what I mean, I said. I do not, he said. Well, do you mean it or do you not? I said. Is it a riddle? he said. No, I said, but I've been walking out with you for two years, and I just want to know if anything's to come of it or not. Oh, he said. I don't mind one way or the other, I said; but I'm not going to waste my time till doomsday, and I just want to know, that's all. Well, he said, what do you propose? Well, I said, what about August Bank Holiday? Make it Christmas, he said; I get a rise then. All right, I said, as long as I know where I am I don't mind waiting, but I like to know where I am.

—Somerset Maugham

Somerset Maugham(1874-1965)は日本では小説家として著名で，代表作 *Of Human Bondage*(1915)『人間の絆』や *The Moon and Sixpence*(1919)『月と六ペンス』などは早くから紹介されている．劇作家としては20世紀の風俗喜劇の担い手である．英語が比較的やさしく，内容も分かりやすいため，英語の学習に最適．注つきの教科書版が多数入手可能である．

【訳文】　そうですねぇ，奥さま，あの人がはたして，ちゃんとプロポーズしたかどうか，はっきりしないんでございますですよ，はい．実は，こんなふうだったんですの．その男とは，かれこれ2年近くも交際していたのですが，なんて申しますか，肝腎なこととでも言いますか，それをひとことも言わないんです．で，しびれを切らして，わたしが思い切って言ったんでございますよ，あれはどうするのよ，って．すると，あの人，あれってなんのことだ，なんて言います．分かるでしょ，わたしの言うこと，そう申しました．すると，いや，分からんよ，と言うんです．つもりがあるの，ないの，どっち，とわたしが言うと，謎々かい，ですって．そうじゃないけど，いい，あんたと2年間もつき合ったでしょ，その結果がどうなるか，もういい加減知りたいのよ，とわたし言いました．すると，そうか，と言いました．どっちに決まっても構わないのよ，でもね，いつまでもいつまでも，ぐずぐずしているのはご免ですからね．それだけ，はっきりしてよ，と申しました．すると，そうだな，きみの案はどうなんだ，ですって．そこで，8月の銀行休日はどう，と言ってやりましたですよ．そしたら，クリスマスにならんかね，その頃には昇給するし，ですって．いいわよ，わたしの身分がはっきりしさえすれば，待ったっていいわ．でも，その点をはっきりさせて欲しかったのよ．そう言いましたです，はい．

解　説

you はいつも「あなた」という二人称というわけではなく，一般の人を表したり，「いわゆる」という意味だった

りすることは知っているでしょうが,ここでは you が I と同じように用いられている例を考えてみましょう.もう1つ,you see という句について,普通よく辞書に説明されているのとは違う意味になっていることも身につけましょう.

小間使いの英語　　20世紀前半の英文学を代表する作家の1人,Somerset Maugham の 1915 年の風俗喜劇 *The Unattainable*(*Collected Plays of W. S. Maugham* vol. 2, Heinemann, 1931)から取った対話です.20世紀初めのイギリス上流家庭の女主人が,婚約している小間使いに求婚されたときの様子を語らせている場面です.会話体の文章の読み方のコツも学べると思います.小間使いの英語だけに,ややだらしない表現,舌足らずの物言いがあるので注意して下さい.

at all はどこにかかる？　　1-2 行目,Well, ma'am, I don't know as he exactly proposed at all. の as が,まず普通の用法でないのに気づくでしょう.これは出ていない辞書もあるかもしれません.この as は俗語的な用法で,接続詞として that あるいは whether と同じ意味に用いられています.否定文で know, say, see などの目的語となる節を導きます.次に at all ですが,「not など否定語と共に用いた at all は否定を強める用法」という,昔習った知識を生かして,I don't know... at all. を「（求婚されたかどうか）まったく分かりません」としてよいでしょうか.ここだけ

ではまだよいかどうか分かりませんが，先を読むとここで「he」で示されている青年は口べたながら求婚らしいことをしていますので，別の意味を考えたらどうでしょう．at all が直前の proposed にかかると考えてみるのです．疑問文などでよく使われる否定の意味ではない at all が参考になりますね．Do you believe the story at all? は「一体全体そんな話を信じるの」という意味になります．これに準じて，「はたして求婚したのかどうか不明なのですよ」としたらコンテクストによく合うように思いますが，どうでしょう．

you see は「なんじ知れ」　　さて you see に注目して下さい．この句は「ほら，ご存じのように」と，「相手の承知していることを述べ，驚きまたは非難を避ける」ための句と普通は説明されています．しかし，この場合，女主人は話の内容を承知していないのではありませんか．最近の英和辞典には，会話の場合には「ほら，あのねえ，こうなの」というような意味があることに触れているものもあります．実はこの句は相手が知らない場合，あるいはうっかりして忘れている場合に，念を押して「いいですか，こうなのですよ」と言うために使われる場合が多いのです．もちろんコンテクスト次第で正しい意味が決まるわけですが，従来の「知っての通り」よりも，今述べた意味合いを頭に入れておいて欲しいと思います．実は，私自身は恩師朱牟田夏雄先生に，「なんじ知れ」，つまり命令形だと考えたほうがよい，と教わり，以来 50 年間この教えを守ってきて，

80％の場合，正解を得ています．

過去完了形　　2行目の I'd been walking out に行きます．この文章では求婚されたときの話が中心で，それは過去形で述べられているわけですが，その時点より以前のことを述べるので「過去より，もっと前の過去のことは過去完了形で表現する」という原則に従っているのですね．それでよいのですが，これが聞き手に対して，「話をさかのぼらせますよ」という合図になっているのを知って欲しいですね．この合図によって聞く側は，「求婚に至る経緯を話すのね」と知り，興味の中心を求婚の様子から，そこに至る交際の仕方へと移すのです．聞き手の頭がそこへと移ったら，もう一度過去完了形を用いる必要はありません．だから3行目 he never said を he had never said にしないのですよ．walk out with は文字通り訳してもこの場合はよいのですが，イディオムとして「異性とつき合う」という説明が多くの辞書にあります．something like は about「大体」と同じです．and he never said の and が普通の「そして」ではなく「しかし，それなのに」であるのは本書の読者なら知っていますね．前後の内容から判断して「そして」のはずがないでしょう？　さて，he never said anything that you could take hold of です．that you could の you が「あなた」，つまり話し相手の女主人でないのは分かるとして，もう一歩踏み込んで考えてみませんか．コンテクストから考えれば，you でなく I とすべきではありませんか．take hold of は「つかむ，理解する」ですから，

ここは「わたしが理解できるようなことは一切言わなかった」ということですね．どうしてIを用いず you と言うのでしょうか．

Iの使用を避ける　英語に egotist という言葉があります．egoist と似ていますけれど，他者への配慮が少なく自分のことばかり話す人のことを指します．egotist だという非難を避けるために，I, I と言わず他者を含めて we を使うこともありますが，時に you を使って，わたしと同じ立場の人なら「あなたも誰もみな同じような対応をするはずだ」，というメッセージを伝えようとするのです．言い換えると，you の使用によって聞き手を自分の話に引き込む効果が得られると言えましょう．

　so to speak が「言わば」であり，take hold of にかかっているのは分かると思います．ではどうしてこの句が必要とされているのでしょうか．コンテクストから考えると，ここは，相手の結婚の意志が確認できなくて苛立っているわけですので，「本音を吐かせる」とか「言質を取る」とか，そういう内容を伝える言葉を使えばよいところです．しかし，すぐに適切な言葉が思いつかぬまま，舌足らずながら take hold of と言い，これでは表現不足と気づいて，so to speak を補ったのです．このような箇所を訳す場合，より適切な訳語が見つかれば，「言わば」は省いてもよいかもしれません．

漠然とした it　この先の小間使いと青年の対話は，前者

が強引にせまるのに対して，青年はわざととぼけて言葉数が少ないのですが，交互に口を開いているのですから，どちらの言葉か見分けられますね．すると7行目の do you mean it という女性の質問は，どういうことでしょう．it が何を指しているか，ということを，この機会に述べておくほうがよいでしょうね．文法上 indefinite 'it' と言い，漠然と今問題になっていることを指しているのです．ここでは当然「結婚」ですね．mean は，「意味する」だけでなく「意図する」もありますから，どちらかを考えるようにしておくといいでしょう．この場合は「意図する」です．だからここは「結婚する気があるの，ないの」と訳してもよいところです．ところが日本語にする際には男が，「それは謎々かい」と問いかけてくるくらいなので，ぼかした訳にしないと，会話は成り立ちません．

　10行目の anything's to come of it の it は何を指していますか．これは前文をうけて，2年間の交際のことです．次の doomsday は「最後の審判の日」であり，till がつくと「永遠に」という意味になります．口語で用いるくだけた句です．what do you propose の propose は求婚でなく，提案ですから，誤解しないで下さい．男のこの質問への女の答えが一足飛びに結婚式の日取りになっているのはおかしいですね．喜劇だから許されるのでしょう．次の男の日取りの変更の提案は，女の強引さに負けた男が，ようやく結婚の覚悟をしたものとみえます．1-2行目で女が「はたして求婚されたのかどうか不明」と述べた理由が，ここまできて納得できますね．

get a rise　　15行目 I get a rise then は，辞書に気軽に手を伸ばすよい習慣がついた人にとってはかえって躓きの石になるかもしれません．というのは get a rise (out of) というイディオムはどの英和辞典にも出ていて，「(〜をからかって)怒らせる」という訳があるのです．つまり，そればかりが頭にあると，男が結婚式の日取りを延期しようというので女が怒った，というように誤解する可能性があるのです．むろん，ここは男の発言ですから，「だったらあたし怒るわよ」などとは絶対になりません．ここもコンテクストを忘れて辞書だけに頼り過ぎると失敗する例ですね．get a rise は「昇給」で，イギリス英語です．ついでながらアメリカでは get a raise と言うのが普通です．

セミコロンの意味　　I get a rise then の前にあるセミコロンの役目を考えておきましょう．Make it Christmas と提案した理由を述べる節を導いているのです．さっきも述べたように，英語では，日本語の場合以上に，多少とも相手が意外と思うような発言をしたら，納得できるような理由をすぐ述べる習慣があります．where I am は大体分かっていても，「自分の立場，身分」という日本語に当たるのだと思いつかない人もいるかもしれません．慣れの問題でしょう．こういう訳語は少し覚えておくと便利です．同じく what she is は「彼女の本当の姿」となることが多いです．

ホレーショーの哲学？

「きみ」以外の使い方が you にあることは，実は日本人としては 20 世紀の初頭から気づいていてもよかったのです．そのきっかけとなる事件が世間を騒がせたからです．聞いたことのある人もいるでしょうが，1903 年に旧制一高の生徒(学生という言葉は大学生に限られていた頃のことです)だった藤村操が日光の華厳の滝で投身自殺をし，遺書の中に「ホレーショーの哲学で解釈できぬ人生の不可解」という言葉があったのです．ホレーショーという名の哲学者は存在しないのですが，調べてみると *Hamlet* の 'There are more things in heaven and earth, Horatio, / Than are dreamt of in your philosophy.' から出たと判明しました．藤村青年は your を「きみの」，つまりハムレットの友人「ホレーショーの」と解したのでした．正しくは「いわゆる」です．

▶ 慣れた訳語にまどわされない

《3》

To many of these people, articulate as they were, the great loss was the loss of language—that they could not say what was in them to say. You have some subtle thought and it comes out like a piece of broken bottle. They could, of course, manage to communicate but just to communicate was frustrating. As Karl Otto Alp, the ex-film star who became a buyer for Macy's, put it years later, 'I felt like a child, or worse, often like a moron. I am left with myself unexpressed. What I know, indeed, what I am, becomes to me a burden. My tongue hangs useless.' The same with Oskar it figures. There was a terrible sense of useless tongue, and I think the reason for his trouble with his other tutors was that to keep from drowning in things unsaid he wanted to swallow the ocean in a gulp: Today he would learn English and tomorrow wow them with an impeccable Fourth of July speech, followed by a successful lecture at the Institute for Public Studies.　　　　　　　　　—Bernard Malamud

[第2次大戦の直前，ドイツからアメリカに亡命してきた知識階級のユダヤ人 Oskar に，「私」は英会話を教えている．]

Bernard Malamud (1914-86) はアメリカのユダヤ系の小説家で，その代表作は大体訳されている．例えば初期の *The Assistant* (1957)『アシスタント』はニューヨークの裏町の食料品店を舞台に，ユダヤ人の苛酷な運命をペイソスとユーモアで描いている．ほとんどの作品が英米のペーパーバックに入っている．

【訳文】 これらの多くの人びとは，元来表現力のすぐれていた人であっただけに，最大の損失は言葉の損失，つまり，あれこれ言いたいと思ったことが言えないことであった．何か微妙な考えが頭に浮かんだとしても，いざ口にしてみると，こわれた瓶の破片のようになって出てくるのだ．もちろん，簡単な日常会話ならなんとかできるのだけれど，そのような会話しかできないというのでは欲求不満になってしまう．メイシーズ百貨店の仕入担当重役になった元映画スターのカール・オトー・アルプが何年も後に述懐していた言葉を引用すると，「まるで子供みたい，いや，もっと悪い，バカになったような気がよくした．言いたいことが言えなくて頭がいっぱいになってしまうのだ．自分の知識，それどころか，自分の存在自体が重荷になってしまう．舌は無用の長物に化す」．オスカーの場合もこれと同じだったのだろう．舌が無用の長物になるというぞっとするような感覚があったのだろう．彼が他の家庭教師と折合えなかった理由は，口に出せないものに囲まれて溺れてしまわないようにするため，一息で周囲の水を全部飲み干そうと望んだからだと思う．つまり，今日英語を覚えたら，すぐ明日にでも完璧な独立記念日のスピーチをぶって聴衆をあっと言わせ，それに続いて成人教育センターでの講演でも成功を収めようと，性急に考えたのであった．

解 説

Bernard Malamud の短篇集 *Idiots First*(Dell, 1963) に収められている 'The German Refugee' という作品から，第2次大戦直前にナチスの迫害を逃れてアメリカに亡命して

来たジャーナリストのユダヤ人 Oskar に英会話を教えた青年の回想の形式で語られています．

articulate の意味　　ここでは articulate と communicate という単語の意味合いに注目しましょう．2語とも珍しい語ではないし，とくに後者は日本語化しているコミュニケーションの動詞形ですから，誰にとっても既知の語ですね．しかし，そういう場合がかえって誤りにつながるので注意しましょう．まず1行目の articulate は，英和辞典では「歯切れのよい，発音の明瞭な」という意味がすぐ出て来ます．それでいいかどうか．念のため，さらに調べると「(自分の考えを)はっきりと述べることのできる」という意味も載っているでしょう．どちらがコンテクストから見てふさわしいでしょうか．ここではまず，最大の損失は言葉を失ったことだという事実があり，なぜそうなのかの説明として彼らが articulate だから，と述べられています．今は「だから」と記しましたけれど，反論があるかもしれませんね．というのは，1行目の as は as でも，形容詞がその前に来ているので，though と同じ意味になると，どこかで習っているからです．Rich as he is, he is not happy. は Though he is rich, he is not happy. と同じなのだ，というのは英文法の常識ですからね．as という単語にそういう使い方があるのは確かです．でも，たとえ形容詞が前に来ていても，「だから」のままのこともあるのです．

　Lafcadio Hearn の有名な怪談 'Jikininki' から as が though にならない場合の例文を引用しましょう．Yesterday I was only the eldest son. But when you came here, tired as you were, we did not wish that you should feel embarrassed in any way: therefore we did not tell you that father had died only a few hours before.

　ここでは内容から判断して，tired as you were は「疲れていたので」であって，「疲れていたけれど」でないのが分かりますね．あくまでコンテクスト次第であることを，この場合もしっかり確認しましょう．

　さて as が分かったところで articulate を再度考えますと，ここは「表現力にすぐれている」だけに，英語が喋れなくて，とてもつらい思いをしている，というのだと想像できるでしょう．さらに念のために，*LDCE* のような使いやすい英英辞典の説明を引用してみましょうか．able to express thoughts and feelings clearly and effectively とあり，Oskar のようなジャーナリストなら当然の能力ですね．言いたいことがあるのに，そして母語ならうまく言えるのに，外国語で言えないもどかしさ．これは外国に行ったことのある人なら，誰しも思い当たるのではないでしょうか．

you は誰を指すのか　　3行目に行きます．ここでの You が一般的な人を表すのは明らかですね．しかし，そこで思考をとめてしまっては困ります．というのは，この一文を「人間というものは，何か微妙な考えを持っているものであり，それは割れた瓶のかけらのようになって口から出てくるものである」と訳すのは問題があるからです．文法的

に正しいとしても,内容は一般常識と反しませんか.少なくとも母語で話している場合なら,そんなひどいことにはならないでしょう? 誰だって一応辻褄の合うことが言えます.もちろん,複雑な思考を巧みに(articulately)表現するのは,たとえ母語でもむずかしいのですけれども,「割れた瓶のかけら」までにはなりません.従って,このyouは一般の人といっても,亡命者たちのことを指していると考えるべきです.つまりここをThey had some subtle thought and it came out...と書き直しても内容的には変わりません.ではなぜ作者が主語にyouを用い,かつ現在形にしているのかというと,一般読者が類似の経験を思い起こすように促し,読者を物語に引き入れ,Oskarに関心を抱かせる効果を狙ったものと考えられます.こういう場合はyouを日本語として訳出しないのが適切です.

communicateの本当の意味　5-6行目のcommunicateのところは,「どうにか意思疎通はできた」と訳すのが普通でしょうね.でも考えて下さい.ではどうして「ただcommunicateするだけではfrustrating」なのでしょうか.frustratingは,いくつかの英和辞典で見出し語として載せてあり,例えば『フェイバリット』には「(人を)欲求不満に陥らせるような,いらだたしい」とあります.frustratedも見出し語になっているようですが,他動詞にingのついた現在分詞については正しい知識と,具体的な訳し方を身につけていて欲しいと思います.さて,「意思疎通ができる」のにいらだつはずはありません.そこでここの

communicate の意味は辞書の定義からずれたものと考えなくてはならなくなりますね．8行目に I felt like a child, ... とあります．成人として自己表現ができないで，子供程度のことなら話せる，というのでしょう．とすると，結論的に述べると，「ハロー，グッドバイ，これいくらですか」という次元の会話ができる，というような意味ではないでしょうか．アメリカに来たけれど，英語が話せないという外国人のために，Adult Learning Center という無料で会話を学べる一種の学校が全米各地にあります．こういう所で身につけるのが Survival English と言って，日常生活をするのに必要な最小限の会話力です．ですから「日常生活上の用を足す」という程度の意味で，この communicate は使われているのです．そういう用法は辞書にはないのですが，それでは，マラマッドはこの単語を誤用したのでしょうか．そうではなくて，どの言葉も辞書の定義から多少ずれた形で用いられるのは珍しくないのです．辞書にある意味を無視するのではなく，それを踏まえた上で，コンテクストによって意味が変化するのだと心得ておく，それが正しい英語のセンスの磨き方です．

　7行目の a buyer もコンテクストで意味が変化すると言えそうです．「消費者」とか「買収した人」とかはありえないのですが，では「仕入係」という，どの英和辞典でも出ている訳ではどうでしょうか．わざわざ有名なメイシーズ百貨店のこれこれの役職になったとか，「元映画俳優」だと記されているのですから，かなりの地位を指していると考えるべきです．平社員ではなくて，仕入担当の責任者，

つまり部長や取締役でしょう．「バイヤー」なら平社員から役職者まで幅広い人を指すので，ここでの訳語としてよいかもしれません．

歴史的現在　　9-10 行目の I am left with myself unexpressed. を考えると，まず初めに，ここから現在形になっているのに気づいたでしょう．ここはなぜ現在形なのでしょうか？　皆さんは英文法の学習で「歴史的現在」というのを聞いたことがあるでしょう．あれですよ．この用法は多くの場合，学校で教えられるにもかかわらずあんまり実例に出くわすことがありませんが，『英文法解説』に挙げられている適切な例を見れば理解できます．I was just falling asleep in bed when my wife *rushes in* shouting that the house next door *is* on fire.「ベッドで寝入ろうとしていると，妻が飛び込んで来て，隣の家が火事だと叫ぶのです」．従って「亡命して以来ずいぶん経つ現在でも」と考えてはいけません．過去がまるで今のことのように，まざまざと目の前に浮かぶ，という感じを出して欲しいですね．日本語で過去と現在をうまく混ぜるようにできなければ，敢えて過去形で訳出すれば，誤解は避けられます．ここは「言葉の出せない自分を持てあました」としてもよいでしょう．

　10 行目 What I know 以下に行きましょう．これを「自分の(持てる)知識」と名詞表現にするのは容易ですが，そうすると what I am はどうしますか．「私自体」とか「私の存在」とか，工夫する必要があります．indeed につい

ては訳文から学んで下さい．11 行目 My tongue hangs useless. は文型では S+V+C の形です．The same with Oskar... で話が主人公に戻ります．これは語順を普通にし，省略を補うと，It figures that the same is true with Oskar. となります．it figures は口語用法で「そうらしい」の意．16 行目 Today he would... の would は過去の強い意志を表しています．Today の前にはコロンがあります．そのためここは，15 行目の wanted を別の表現で説明しているのだと分かります．だから「ぜひしようと欲した」ということです．wow them の them は漠然と「聞いている人たち」でしょう．彼の苦境脱出のあせりが具体的にかつ鮮明に出ています．followed by は間違える人はなさそうですけれど，「完璧なスピーチ」が先で「センターでの講演」が後という順序です．

2
文法知識を活用する

　内容のある英文を正しく読むのに必要な文法知識はどの程度なのか，知りたい人も多いと思います．知識としては，高校までに学習するもので充分です．ただし，その知識をテキストを前にして充分に活用できるかというと，そう簡単ではありません．一例だけ挙げますと，口げんかをしていて一方が You are irritating. と言った場合，どういう意味になるでしょうか．「きみはいらいらしているな」という意味には，どんなコンテクストでもならないでしょう．文法知識としては irritate は他動詞で「いらいらさせる」という意味であるのは誰でも知っています．さらに，これに ing をつけて現在分詞ができるのも知っているでしょう．ところが上述の文が正しくは，「きみは人をいらいらさせるね」，「きみはいらいらさせるようなことを言うよ」と解さねばならないのだと分かっている人となると，意外なほど少数になってしまいます．

　というわけで，ここでは文法知識そのものの解説は最小限にとどめ，省略，挿入，過去完了の3点に絞って，知識の活用の仕方を説くことにします．

▶ 省略を補う

《4》

Not long after Lionel's death, it occurred to me that in our current spate of biographical writing I, too, might be discovered as a subject; someone going through the documents of our marriage might even perceive that the two of us together made a more interesting subject than either of us alone. If this should happen, I wanted the undertaking to be more solidly rooted in truth than was likely were the biographer dependent on existing sources. There are now few people alive with even a partially reliable knowledge of our lives as they really were. We did not have eventful lives, as this would perhaps now be understood, but our private drama had its intensity. In the early eighties, in an initial move to record our personal story, I put on tape some thirty or more interviews in which I answered questions about Lionel's and my upbringings and educations, our literary and political preferences, the good and bad turns in our personal fortunes. I at first thought that these in themselves might make a publishable volume. When this proved not to be so, I accepted the need—my need—to start again from the beginning and write this memoir. —Diana Trilling

Diana Trilling (1905-96) はアメリカの文芸批評家として著名な Lionel Trilling (1905-75) の妻で、彼女自身も批評家である。課題文は彼女が晩年になって執筆した自伝 *The Beginning of the Journey* (Harcourt Brace, 1993) から。当然ながら夫のことにも多くの紙面を割いている。

【訳文】 ライオネルが亡くなってまもなくのこと、こんなに伝記流行りの時代だから、この私も伝記の対象になるかもしれないという思いが頭に浮かびました．また、私たちの結婚についての書類を調べた人が、私たち夫婦の一方よりも2人一緒にして扱ったほうが面白い題材になると、気づくこともありうるとも思いました．もし伝記が書かれるようなことが万一あれば、その執筆はしっかりと真実に基づくものであって欲しいと望みました．伝記作者が現存する資料に頼る場合には、私の望み通りになる可能性は低いのです．私たちの生涯の本当の姿を、たとえ部分的にせよ正確に知っている人物は、もうほとんど生きていません．私たちの人生は、今時の人がおそらく理解しているような意味での「波瀾に富む」ものではありませんでした．それでも私生活の面では、激しいドラマもありました．80年代の初期に、私たちの私生活を記録しておこうという最初の試みとして、30回あるいはそれ以上の回数、インタビューを受けてテープに収めました．ライオネルと私の育ちや教育、文学上および政治上の好み、あるいは、生涯で運がよかった時と悪かった時のことなど、私が質問に答える形式を取りました．最初、私はインタビューだけで出版できる1冊になるだろうと考えていました．どうもそうはいかないと分かって、また最初から始めて、この回想録を執筆して欲しいという要望を承諾したのです．私自身のほうにもそういう望みがありました．

解　説

ここでは解説が必要な文法事項の中でも特に、省略され

our の指すもの　　筆者の Diana Trilling は自伝執筆のいきさつを素直に語っています．2行目の our current spate of biographical writing の our とは誰を指すのでしょうか．つい「私たちについての伝記が今流行している中で」と読んでしまった人もいるかもしれませんが，正しいでしょうか．しかし，次の文で「私も対象になる」云々となっているではありませんか．「私たち(つまり，ライオネルと著者自身)の伝記中で，私が取り上げられる」というのは当然であり，そんなことに気づくというのはおかしいですね．だから our は「この国の」とか「この時代の」というような意味です．3行目のセミコロンの役目として考えられるのは，すぐ前の文の説明か，それとも，頭に浮かんだことが2つあって，その2つ目をつけ加えているのか，どちらでしょうか．内容から考えてここはおそらく後者でしょう．つまり someone の前に，1行目の it occurred to me that ... の that と同格の that が省略されていると考えるのです．

likely の次の省略　　6行目 If this should happen の this は，このような伝記(私1人のあるいは夫と2人のいずれにしても)が書かれることを指します．そうすると，should は何でしょうか．should というとすぐ「べき」と訳してしまう人がいますけれど，それは1つの選択に過ぎません．仮定を表す条件節で用いられた場合は，実現の可

能性が低いと思う話者の気持を表しています。よく「万一」と訳しますね。さて，8行目の likely の次に省略があるのですが，お分かりでしょうか。該当箇所を引用してみましょう。I wanted the undertaking to be more solidly rooted in truth than was likely were the biographer dependent on existing sources. ここのところはとてもむずかしいと思います。were the biographer 以下のところも if の省略による倒置が行われているのですけれど，この省略はすぐ分かるでしょう。もちろん if the biographer were dependent... と同じです。この省略は，言ってみれば，定番なので解決できたのですが，likely の次に何か省略があるのかどうかすら気づかぬ人もいそうです。「その企てが，もっともらしいという以上に，真実にしっかり依拠したものであって欲しい」というように訳すのは，likely を a likely excuse「もっともらしい言い訳」の場合のように名詞の前にくる形容詞としての likely の意味と考えたわけです。しかしここの likely は，Tom is likely to win the game.「トムはそのゲームに勝ちそうだ」と同じ用法です。ですから likely の後に to be solidly rooted in truth が省略されているのだと考えて下さい。それなら more than の比較も一層論理的につながります。さて文法の面でこの文をしっかり分かってもらうために逐語的に無理に訳すと，「もし伝記作者が現存の資料に頼ったとしたならば，その場合にしっかり真実に基づくという可能性があるにしても，私が望むのは，さらにもっとしっかりした真実に基づくものであることなのです」となりましょう。翻訳

としては，もっとこなれた日本語にする必要がありますけれど，文の構造をこの逐語訳を用いて正しく理解して欲しいと思います．

ここまで理解できれば，この内容に合致するような日本語訳を作ることはそうむずかしくないでしょう．いくつか試みてみましょうか．「仮に現存する資料だけを用いて伝記を書こうとするならば，私たちの真実の生涯を描くものとはなりそうもありません．そうあって欲しくないと願わずにはいられませんでした」，あるいはもっと簡単に，「伝記作者が既存の資料に頼ったものではなくて，しっかりした真実に基づいたものになるようにと望みました」でもよいでしょう．

our lives as they really were は要するに，「私たちの人生の実際の姿」ということです．例えば Mary as she is and was という言い回しも「メアリの現在と過去の姿」と訳せるように練習しておくと便利です．

波瀾万丈とは？　　11行目，We did not have eventful lives に行きます．自分たちが波瀾の多い人生を送らなかった，ということなのですが，その次に private drama は強烈だったとあるので，eventful の意味を慎重に検討する必要がありそうですね．答えは as 以下の挿入文 as this would perhaps now be understood にありますが，ここの this がこれまた問題です．非常に多くの人は，「このことは今ではもしかすると知られているのかもしれませんが」というように解するのです．実はこの本には，名の通った

訳者の手になる翻訳が出ているのですが，そこでも大体このように訳されています．this を this fact と考え，fact の中身は直前のことと取っているわけです．Trilling 夫妻は文芸批評家ですから，常識的に言って，俳優や軍人や政治家やスポーツ選手などのように派手で，波瀾の多い人生は送らなかったのでしょう．しかしそのことは，昔も今も同じではないでしょうか．夫の死後 20 年近く経っていますから，この間に新事実が出て，実は波瀾万丈の人生だったのだと変化するというのなら「今は」という語が生きてくるでしょうけれど，そうではないのです．夫妻は主に著作を通して知られているのですから，彼らの生涯で実際に起こった事件などについては一般にはほとんど知られていないし，また突然話題になることもまず考えられないのです．いろいろの角度から考えて，どうも他の解釈にすべきだ，と結論せざるをえません．それには this の次に fact 以外の語を補ったらどうでしょう．そう，this expression，つまり，eventful lives という言い方，言葉と考えてみましょう．文章の雰囲気から推察すると，筆者は今風の考え方，とくにここでは外面的に派手な人生のみを eventful とする風潮に不満を抱いているようですね．従って，「現在理解されているような尺度で測った〈波瀾万丈の人生〉は送りませんでした」というのが，正しい解釈だと思います．this の指すものが何か，あるいは this の次に省略されているのは何か，それをしっかり考えることで，ようやく納得のゆく味読ができたと思います．少し，しんどかったかもしれませんね．ここを一読してすぐ正解に達しうる人は，

決して多くないのですから仕方がありません.

at first　　in an initial move は「初期の取り組みに従事して」とすれば文字通りで正確です. 次の good and bad turns の turn は「転機」と考えればよいでしょう. 訳文は少しくだいてあります. I at first thought は, もちろん「最初考えた」でよいのですけれど, 念のために, at first というのは first とか in the beginning と違って,「最初は〜だが, 後で……」というように後で変化する場合に用いることを知っておいて欲しいです. 例えば, At first the game was fun, but we soon got bored with it. のように使うわけです. in themselves はどう考えたらよいのでしょう.「それ自体で」というのですから, インタビューのテープを起こしてそれを活字にすればよい, ということですね.

2つの need　　a publishable volume は「出版可能な1冊」ということですが, 具体的には, 分量が充分あるということか, インタビューが整理されたもので, そのままで充分にまとまっているということでしょう. ただ, 次にそれが無理だと分かったとあるので, おそらく, 30回にも及ぶインタビューには生涯の各時期や出来事の重複もある一方, 欠落もあったと想像されます. 最後の文中の I accepted the need—my need と need が繰り返されているところは, 具体的に分かりますか. まず the need は, 今述べたような事情で出版社側が,「ぜひ書き直して欲しい」

と要求したということですね．my need とは，筆者が自分たちの生涯の真実に基づく記録を残したいという願いの実現には，ぜひ新たに初めから書き直す必要があると，感じたということです．両者の願いが重なったわけです．

Who Killed Kennedy?

　アメリカの第35代大統領 John F. Kennedy が1963年にダラスで暗殺され，逮捕された容疑者がすぐ別の男に射殺されてしまったのは覚えている人もいると思います．真相は今日まで100％究明されているとは言えません．事件後さまざまな調査が行われ，新説が出ると，新聞や雑誌に Who Killed Kennedy? という見出しがよく用いられました．「一体真犯人は誰か？」ということには違いないけれど，実はそれだけではありません．

　英語圏の人が子供の時からなじんでいる *Mother Goose's Melody*『マザーグースの唄』というものがあり，この伝承童謡の中でも，とくに有名なものに Who Killed Cock Robin? というのがあります．第1節は

Who killed Cock Robin?	「誰が殺した，駒鳥の雄を．」
I, said the Sparrow,	「それは私よ．」雀がかう云つた．
With my bow and arrow,	「私の弓で，私の矢羽で，
I killed Cock Robin.	私が殺した，駒鳥の雄を．」

　　　　　　　　　　　　　　　　　（北原白秋訳）

です．この詩では雀が犯人だと告白していますが，小さな雀が弓矢を用いたにしても，どうやって自分より大きい鳥を殺したのか，どういう動機があったのか，まったく不明です．詩全体がどこか謎めいた感じを与えます．それで，Who Killed Kennedy? という見出しだけで，事件の複雑さがすぐ伝わるのです．

　英文を正確に読む場合，こういう背景を常識として持ってはじめて「英語圏の人並みに読む」という理想に達することが可能になるのです．

▶ 挿入語句の役目は？

― 《5》 ―

When we think of the sufferings of human beings and animals at the hands—if that is the right word—of insects, we feel that it is pardonable enough to make faces at creatures so inconsiderate. But what strikes one as remarkable is that the insects that do most harm are not those that horrify most. A lady who will sit bravely while a wasp hangs in the air and inspects first her right and then her left temple will run a mile from a harmless spider. Another will remain collected (though murderous) in presence of a horse-fly, but will shudder at sight of a moth that is innocent of blood. Our fears, it is evident, do not match in all respects with our sense of physical danger. There are insects that make us feel that we are in the presence of the uncanny. Many of us have this feeling about moths. Moths are the ghosts of the insect world. It may be the manner in which they flutter in unheralded out of the night that terrifies us. They seem to tap against our lighted windows as though the outer darkness had a message for us. —Robert Lynd

Robert Lynd (1879-1949) のエッセイ集 *The Pleasures of Ignorance* (1921) の一篇 'Why We Hate Insects' より.

【訳文】　人間や動物が昆虫の手にかかって —— 手というのも変な言い方だが —— ひどい目にあっているのを考えれば,けしからぬ昆虫どもに対してしかめ面をしても許せると思う.でも私が奇妙に思うのは,人間にもっとも被害を及ぼす昆虫と,もっとも恐怖をいだかせる昆虫とが一致しないことだ.スズメバチが空中の一点で羽ばたきながら,右か左かどちらのこめかみを刺そうかと狙っているのに,大胆にじっとしているような婦人が,何の害も加えないクモを見ると遠くまで逃げてしまう.また,ウマバエが近くに飛んでいても落ち着いて(たとえ心中では殺してやろうと思っていても)いられる婦人が,吸血犯などで決してない蛾を見ると震えおののく.恐怖心というものは,肉体が本当に危険だという感覚とあらゆる面で一致しているとは言えないのは明白だ.なぜ蛾が嫌われるのか.気味が悪いものの側にいるという気分に人をさせる昆虫がいるのであり,蛾はまさにその代表格なのだ.蛾は昆虫界の亡霊である.人が恐怖心を持つのは,闇の中から何の前触れもなく急にパタパタと飛び込んでくる姿のせいかもしれない.暗黒の世界からの使者ででもあるかのように,明かりのついた家の窓をこつこつ叩くように感じられるのだ.

解　説

挿入された語句　　文法的には前後の部分と関係のない独立した文,語句が挿入されていることがあります.多くの場合,ダッシュや括弧で囲まれているので,見分けやすいのですが,多くは補足的な説明の役割をしています.例えば,The man was so fat that his hips—this is the truth—

were almost touching both sides of the escalator. という文では,「とっても肥っているので尻が」と表現したところで, 筆者の頭に人が信じないかもしれぬという考えが浮かんだので, 先を述べずに, あらかじめ「真実なのですよ」と慌てて注意したのです. 同じように, Mrs. Duff, it is rumored, will have to sell her residence to pay for the inheritance tax. という文では,「ダフ夫人はね」と喋り出した直後, 話者が自分の述べることが真実かどうかよく知らないのに気づき, 慌てて,「噂ですがね」と聞き手に警告したのです. 挿入句とせず, It is rumored that Mrs. Duff will have to...とした場合は,「これは噂ですよ」と, 喋る前から明確に意識しているのです. it is rumored の代わりに, they say, it seems などを使う場合も同じです. He and I were partners for I don't know how many years. という文の場合など, 一瞬戸惑うかもしれませんが, 落ち着いて考えれば,「彼と私は何年になるか知らないけど, 長年のパートナーだったのです」の意味だと見当がつくでしょう. この課題文にはダッシュ, 括弧, コンマの3つを用いた挿入語句があります.

20世紀前半の代表的なイギリスのエッセイストとして新聞雑誌の人気者だった Robert Lynd (1879-1949) を取り上げます. 日本の大学の教養課程の英語の授業が講読中心であった頃は, 短編はモーム, エッセイはリンドがもっともよく読まれていました. リンドの1921年のエッセイ集 *The Pleasure of Ignorance* に収められた 'Why We Hate

Insects' からです．彼は動植物にも関心が深く，その知識がここでも生きています．

ユーモラスな文章　一読して文章がユーモラスだと気づきましたか．生真面目に取ると解釈を誤るおそれがありますよ．最初の at the hands なども，昆虫には手はないからと，熟語辞典にある「〜のせいで」を使って訳したりすると，とぼけた感じが消えてしまいます．その前にある sufferings は，怖い害虫，2017 年夏に問題になった火蟻（ヒアリ）のことなどに注目すれば，人と動物の苦難が想像できますね．さて，挿入句の if that is the right word は「手というのがこの場合にふさわしい単語かどうか不明だが」という意味合いで，自分が hands を使ったのを弁明しているのです．リンドは生き物すべてに関心が深く，多くの場合愛情をいだいていて，昆虫のことも差別せず，身近に感じているので，hands を躊躇なく使い，その直後に，動物に関心のない読者の顔が浮かんで補足したのでしょう．

make faces　これは「しかめ面をする」です．無礼な表情を見せることです．4 行目の creatures so inconsiderate は「そのように配慮に欠ける生物」と訳したのでは不十分な気がしませんか．まず creatures は insects の言い換えをしただけのことですし，inconsiderate はやや古い用法の「分別のない」です．ところで，こういう人間の態度について，リンドが pardonable を使っているのは，どうしてでしょうか．虫嫌いの人なら，別の形容詞，例えば，

proper, just, natural などを使うのではないでしょうか. やはり彼は昆虫に親切なのですね. 人間が他の生物に対してしかめ面などすべきでないけれど, 事情で, そうしても許せることもあるだろう, という態度です.

one の用法　What strikes one as remarkable における one の使い方は, よく理解しているでしょうね. 自分のことを述べているので, 実際は me でよいのですが, 自分を含める一般の常識人を指していて, ちょっと取り澄ました感じを与えます. 特に会話の場合はそうですから, me, us, you などを使うのが普通です.

　horrify most を「多数の人に恐怖をいだかせる」と誤解した人がいるかもしれません.「horrify は他動詞で most はその目的語だ」と思い込むと, そうなります. でも違います. 他動詞でも目的語が表に出ていない場合があるのです. 言外に「人びと」などの目的語が推測される場合, 省略されるのです. ここの most は副詞です. 従って訳は「(人びとに)最も多く恐怖を与える(昆虫)」となります.

　6行目の A lady 以下で, 人間の虫への矛盾した姿勢の実例が挙げられます. ここでの will は,「現在の習慣的な行為」を述べています. She is strange—she will sit for hours there looking outside.「彼女は変です ── そこに座って何時間も外を眺めていることがよくあります」, He will talk for an hour or so, and then he will become apologetic about wasting time.「彼は小一時間もしゃべっておきながら, 時間の浪費をわびることがよくある」などの例

文が『英文法解説』にあります.

inspects の主語　　wasp が主語だと正しく取ったでしょうか. うっかりすると A lady ではないかと, 勘違いしそうです. これから人間を刺そうとしているスズメバチがホバリングしながら考えていることですので, どこを刺そうかと「虎視眈眈と窺う」という感じでしょうか. つぎの run a mile と合わせて, やや大げさな表現で, 滑稽な感じを醸し出しています. harmless spider は, やはり, 一般人のクモ嫌いを怒っている著者のクモへの同情心が出ていますね. 聖書の as harmless as a dove「鳩のごとく柔和で」という表現がありますが, 一般にはクモを「穏やか」だと形容する場合は少ないのですが, 岩波ジュニア新書の大﨑茂芳氏の『クモの糸の秘密』を読むと harmless が正確な形容詞だと納得します.

(though murderous)　　この挿入語句については解釈が分かれるでしょう. murderous の意味が「殺意を抱く」であるのは問題ないのですが, この形容詞がどこにかかるかで, 迷います. 昆虫に関して, 冒頭から sufferings, do harm, blood, danger など昆虫のこわさに関連する単語が並んでいるので, murderous も horse-fly の形容だと取りたくなるのです. そう取れば, ここは婦人は「そばにとても危険な虫がいるのに平然としている」という論理的な意味合いになり, 正しい訳のようです.

　しかし, もしそうであるならば, 括弧の中は though a

horse-fly is murderous と主語を補うのが必要です．それがない場合なのですから，括弧の直前の collected の主語と同じ，つまり lady についての記述だと判断するしかないのです．婦人は心中では，虫を叩いて殺そうかと思いつつも，表向きは落ち着いた顔をしている，ということになります．ここでの挿入句の役目は，表面から隠れた気持を述べて，婦人の心理を補足的に説明することです．簡潔な形で内面が語られていますが，挿入句という形を用いず，新しい文などで説明しようとするのは厄介ですし，その文をどこに置くかも問題です．挿入語句は補足説明に便利です．

innocent of blood　これはとても簡潔な表現です．コンテクストから「人の血を吸うことなど全くない」という意味だと判断がつきますけど．クモに続いて，無知なために嫌う人の多い蛾も弁護しています．ここから最後まで，蛾嫌いの理由を分析しているのですが，リンド自身は不気味などと思わず，神秘的だとして，一種の敬意さえ抱いているようで，彼の昆虫への態度は一貫しているのが分かります．

コンマに囲まれた挿入句　12行目の it is evident はどんな役目を果たしているでしょうか．前の場合と同じく，補足説明でしょうか．コンテクストとしては，実際の危険度と恐怖心が比例しない具体的な例を2人の女性の場合で語った後であり，ここは同じことを抽象的に述べるだけです

ね．つまり読者はもう納得した後なのですから，「恐怖心は危険度と比例しないものです」と結論的，断定的に，挿入句なしに述べてもよいところなのです．言い換えれば，この挿入句は，なくても構わない存在です．強いていえば，「今挙げた例から明らかになったはずですが」という意味合いです．It is evident that our fears do not match...としても，ほとんど変わりません．挿入句の形を取ったのは，推察すれば，著者は Our fears と語り出してから，「抽象的に同じことを言うまでもないな」という思いが頭に浮かび，「言うまでもないのですが」と挿入したのでしょう．

蛾の魅力　It may be the manner...が it...that の典型的な強調構文であるのは分かりますね．flutter in unheralded「羽をばたつかせて不意に飛び込んでくる」という表現は，クーラーのない昔，暑い夜に窓を開けていたら蛾が闇の中からパタパタ飛び込んできたのを経験している者には，巧みなものに思えます．次の行の，蛾があの世からのメッセージを人間に伝える使者だという表現も，言い得て妙だと思えます．特に tap against lighted windows は，人気のない深夜に不意に窓をノックする音がした時のぞくぞくする恐怖を再現しています．蛾と人間とを区別などせず，心を持つ同じ仲間の生き物として考えているので，このような迫真の描写ができるのでしょう．

聖書と Shakespeare からの名句

　「豚に真珠」は日本でも用いられる句ですが，聖書にあるのです．neither cast ye your pearls before swine「また真珠を豚に投げてやるな」(マタイによる福音書 7 章 6 節)．この句について，イギリスのジャーナリスト Trevor Leggett が面白いエピソードを語っています．Churchill が議会で演説中に反対派の野次に腹を立てて，"Well, I will not cast my pearls..." と言いかけたそうです．反対派は議会で「豚」と口にするなど暴言だとして騒ぎ出しましたが，しばらくして Churchill は，"...before those who do not appreciate them." 「良さの分からぬ人びとには」と述べたそうです．こうして不謹慎な言葉を用いずに悪口を言うことが可能になったのです．この頓智には反対派も感心して笑い出したといいますから，名句もこのように使えれば大したものです．

　聖書に次いでよく引用されるのは Shakespeare です．物を知らぬあるイギリス人が，生まれて初めて *Hamlet* を観て「Shakespeare は天才だと聞いていたけど普通の人が日常使っている，気の利いた表現を寄せ集めただけだ」と言ったというエピソードは有名です．Brevity is the soul of wit. 「簡潔は機知の精髄」，Frailty, thy name is woman. 「弱き者，汝の名は女」，All that glitters is not gold. 「光るものすべて金ならず」などの句や諺はすべて Shakespeare が起源です．元のままの形で引用される以外に，To be or not to be をもじって To eat this cake or not としたりすることもあります．おいしいケーキを前にしてこのせりふを吐く女性の姿がよくコミックに描かれます．

▶ 過去完了の読み方

―《6》―

But one other trial awaited her. The allurements of the world she had brushed aside with disdain and loathing; she had resisted the subtler temptation which, in her weariness, had sometimes come upon her, of devoting her baffled energies to art or literature; the last ordeal appeared in the shape of a desirable young man. A new feeling swept over her—a feeling which she had never known before, which she was never to know again. The most powerful and the profoundest of all the instincts of humanity laid claim upon her. But it rose before her, that instinct, arrayed —how could it be otherwise?—in the inevitable habiliments of a Victorian marriage; and she had the strength to stamp it underfoot. 'I have an intellectual nature which requires satisfaction,' she noted, 'and that would find it in him. I have a passional nature which requires satisfaction, and that would find it in him. I have a moral, an active nature which requires satisfaction, and that would not find it in his life. Sometimes I think that I will satisfy my passional nature at all events....' But no, she knew in her heart that it could not be. —Lytton Strachey

Lytton Strachey (1880-1932) は20世紀初めの新しい伝記文学の旗手であり，伝記としては *Eminent Victorians* (Garden City Publishing, 1918)『ヴィクトリア朝のおえら方』が代表作で，ナイチンゲール，アーノルド博士，ゴードン将軍などを俎上に載せて，ヴィクトリアニズムを批判．華麗な文体で知られる．

【訳文】 だがもう１つの試練が彼女を待ち受けていた．これまで彼女は，この世のさまざまな誘惑を軽蔑と憎悪をもって退けてきた．また，ときどき疲労した折など，行き場のない精力を絵画や文学に捧げてみたらどうかという，より高尚な誘惑に駆られることもあったが，これにも抵抗してきたのである．最後の試練は胸をときめかせるような青年という形を取って彼女に近づいてきた．それまで味わったこともなかったし，それ以後も二度と味わうことなく終わった，未知の感覚が彼女を襲った．人間のあらゆる本能の中でもっとも力強く，もっとも根源的な本能が彼女の全身をゆさぶった．しかし，この本能を満たすには，どうしてもヴィクトリア朝にふさわしい結婚という手順を踏むのは避けられなかった．それ以外の手段など，どうしてありえようか．彼女は意志の力でその本能を足下に踏みつけてしまった．彼女は記している──「私には充足を求める知的な気性があり，それは彼と結ばれれば満足させられるでしょう．私には充足を求める官能的な気性があり，それは彼との生活で満足させられましょう．しかし私には充足を求める道徳的で進取的な気性があり，これは彼と生活しても満足させられないでしょう．せめて官能的な気性だけはどうにかして満足させようかと思うことも，時にはありますが……」しかし，それは無理だ，とても無理だと，彼女は心の中で承知していた．

解　説

　フローレンス・ナイチンゲールを知らない人はいないでしょう．偉人伝に必ず入る女性ですね．しかしこの文の著

者は新しい伝記文学の旗手として彼女を大胆に，かつ批判的に論じたのです．文章はいわゆる美文調ですが，迫力があります．

倒置構文　　第2文から考えてゆきましょう．The allurements of the world she had brushed aside with disdain and loathing を「軽蔑と嫌悪の念で払いのけてきた俗世間のもろもろの誘惑」としては具合が悪いのでしょうか．the world と she の間に関係代名詞が省略されているのだから，これでよいとも考えられましょう．しかし，そうするとこの部分が前後の文から浮いてしまうでしょう？　前の文も後の文も主語あり動詞ありで文となっているのと較べると，ここだけ名詞だけというのは変です．名詞なら前の名詞，つまり trial の同格であると考えるしかありません．けれども，trial の後の動詞は過去形なのに，ここは過去完了形ですから，同格にはなりえません．

　このように考えれば，残る可能性として，普通は had brushed aside の後にくる順序の目的語が強調のために前に移っている，と判断するに至るでしょう．『英文法解説』の倒置構文の項にある用例を2つ引用してみます．He promised never to give us trouble, but *this promise* he broke in less than a week. および *That women are equal to men* I would be the last person to deny. です．感じがつかめたでしょうか．

過去と過去完了の区別　　さて過去完了形に話を戻します．

過去完了形は過去より前のことを述べるのに用いる，という知識は誰にもあると思いますが，その知識を生かして正しい読解に活用できる人は意外に少ないのです．この話の中心は第 1 文の one other trial です．これは過去形 awaited で述べられています．彼女の生涯に生じた他の大きな出来事が 2 つ，過去完了形 had brushed aside と had resisted で述べられています．このことからこの 2 つは trial より以前の時期に起こったことと分かります．ここまでは文法の知識として上級者ならしっかりと覚えていると思います．それでもいざ訳す段になると，過去形と区別して訳せない人が多いのが現実です．他にも工夫はありえるでしょうが，「これまでは」のように英語にはない「副詞句」を補うとよいと思います．出来事が生じた順序，時間的な関係を示す言葉がどうしても必要になるのです．

　ところで，trial が指す出来事より以前に彼女が直面した 2 つの出来事については，そのどちらが前でどちらが後かは，見当がつきますか．考えてみましょう．

　同じ過去完了形なら，起きた順序を狂わせずに述べるので，had brushed aside が先で，次に had resisted の時期があったのでしょう．多分そうでしょうが確かなことは分かりません．それに後者は sometimes とあるので前後は問題でないかもしれませんね．さらに 2 つを較べる時に subtler という比較級の使用が注目されます．「世俗的な誘惑」と較べて「より高尚な誘惑」とあるので，前のものはいさぎよく，断固として拒否したのに較べると，こちらには多少逡巡があったことを示すのでしょう．

文と文の係り方　4行目の which 以下の文章は，係り具合が複雑です．とくに of devoting がどこにかかるかという点ですね．文法上は少し前の weariness と結びつけてもよいかもしれません．「〜に精力を捧げることに飽きた時に襲った誘惑」のようにしてもよいでしょうか．詳しくは説明しませんが，前後の内容，コンテクストから判断してみて下さい．そうすれば1行上の temptation と結びつけるしかないと分かるはずです．

　このあたりの問題をいくつか挙げると，subtler に相当する日本語は何がよいでしょう．世俗的な誘惑と芸術活動とを較べるのですから，「上品な」，「高尚な」はよいでしょうが，「より魅惑的な」ではいけませんね．工夫してもよい思いつきが浮かばなければ「より微妙な」でもよいかもしれません．baffled の「挫折した」というすぐ思いつく訳語は，どういう挫折かが明示されていないので，この場合は落ち着きが悪いと思います．「はけ口を阻まれた」と訳せば，主人公を揶揄している内容と相性がよいでしょう．

同一語の反復を避けるくせ　the last ordeal，いよいよ話の中心ですね．ordeal は1行目の trial と同じなので，訳を読む人に誤解のないように，ぜひ同じ日本語を使うのが大事です．英語は同一語の使用を嫌うために言い換えたに過ぎない場合がよくあります．desirable young man の desirable は知ってるつもりでしょうけれど，念のため辞書を引いてみましょう．『フェイバリット』にも，「望まし

い」の他に「性的魅力のある」が載っています．考えてみれば名詞の desire には「欲望」の他「性欲，情欲」もあるのですから，「感じのよい人」とか「好青年」では少しずれます．この文に続いて new feeling とか most powerful とかいう大げさな表現があり，さらに passional nature とも関連するのですから，このことは明白です．単語の意味はここでもコンテクスト次第です．

「ヴィクトリア時代風」　　11行目，But it rose 以下に行きます．ここで最大の問題は arrayed...in the inevitable habiliments of a Victorian marriage です．「ヴィクトリア時代風の結婚という避け難い衣裳をまとって」と直訳するのは容易ですが，さて，どういう意味なのか．ごく簡単に言えば，その欲望を充足させるには，どうしても結婚という形で結ばれなくてはならない，ということなのです．男女が互いを好きになり，結ばれることを望んだ場合，現代なら結婚せずとも方法はありますね．「婚外交渉」という語もあります．そこで，「ヴィクトリア時代風」という形容詞が意味を持ってくるのです．性的な自由の制限されていた時代なので，結ばれるためには正式の結婚をするしかない，ということです．直訳では通じないので工夫して意訳，説明訳をするしかありません．訳文はその1例ですから，他にも方法はあるでしょう．試みて下さい．

　16行目の that would find it in him では，代名詞 it が satisfaction を指しているのに気づく必要があります．nature だと誤解してはいけません．

好みの男性像　16, 17, 19行目の would は，どうして will でないのか，分かりますか．日本語にしてしまえば同じかもしれませんけれど，この過去形の助動詞には「仮に彼と結婚した場合には」という if が隠されているわけで，彼女がこのように述べた時点で，その可能性をほぼ否定しているのが分かります．ところで，彼女が自分の性格を描写しているところで，相手の青年の姿も浮かび上がってくるように思うのですが，いかがでしょう．ただただ訳すというのでなく，内容がよく分かっていることも望ましいので，しっかり考えてみて下さい．相手の男性は彼女と知的レベルが同じであり，愛し合うこともできる．しかし，彼女が社会をよくするために積極的に働くことには不賛成で，おそらく，結婚後は家を守ってよい妻になってくれ，というタイプなのでしょう．英文を読む場合，このように原文にあるヒントに敏感に反応して，敢えて時に想像をたくましくして，状況や人物像を探ってみるとよいと思います．そうしたことで，おのずから訳文もいきいきしてくるのです．英語の授業の時，ただ正確に訳すことだけで精一杯の学生に向かって，「正しい訳ですけれど，全体としてどういうことなの？　例えば，この男女は要するに愛し合っているの，違うの？」というような質問を私が発すると，当の学生がきょとんとして，「そこまで考えてません」と言うことがよくあります．英語読みの英語知らず，とでも評しましょうか．それでは何にもなりません．

　passional nature は，この場合は男性と結ばれたいという欲求なので「恋愛感情」「恋心」などより「官能を好む

性分」とか「恋情」のほうがよいでしょう．Sometimes 以下では I will の will が一人称の意志未来だという文法の常識を活用して下さい．いくつかの欲求の中で，この欲求だけはぜひ充足させたいと思うというのですね．あのナイチンゲールにしてそうなのか！ と思いませんか．でも彼女は，ヴィクトリア朝に生きる身では同棲など不可能だと，心の中では承知し，この欲求を足下に踏みつけたのです．

3
「常識」を柔軟に用いる

　国語のテストで，「蛙の子は□□□」の空所を満たせと問われた子供が，「おたまじゃくし」を入れたのを嘆く母親の投書が新聞に出ていました．たしかに国語というコンテクストにおいては，諺として「蛙」が正解ですが，もし理科のテストだとすれば，「蛙」と記したら知識の不足を責められるかもしれません．文章を正しく読むには，このようにコンテクストを知るのが必須です．

　コンテクストを正しく捉えるのに，英文を相手にする場合は，英米の歴史，宗教，文化，社会などをある程度知らなくてはなりません．政治や経済に関する英文であれば，常識程度の政治経済の知識が要求されるのは当然です．いくら単語と文法を，さらに日本語と英語の考え方の差を知っていても，常識，一般教養がなければ，「英語しか分からない」と批判されるような結果に終わります．この章では，常識が正しい解釈にいかに役立つかという例をまず示し，次にコンテクストよりも常識を優先させると誤解しかねないという例を示すことにします．

▶ 常識を必要とする場合

《7》

　The New York City memorial service for Patrice Umphelby was attended by Kate Fansler and several hundred other people, all of whom found it uniquely moving. Patrice's service was run as a Quaker funeral, with those who wished to testify to their experience of the dead woman rising to do so. In Kate's experience, and she was, she felt, hardly alone in this, such an unstructured format was to be dreaded: it empowered the loquacious and silenced those with profound memories or feelings. In this case, however, her fears were unjustified. Each account, from men who had known Patrice in her youth and since, from women whom she had encouraged in her middle age, testified to her spirit, her radiance, her generosity, above all, to the attention she seemed able to offer those to whom she spoke. Kate had not known Patrice Umphelby, but she had heard, before Patrice's death and after it, such vibrant recollections of her that she had gone to the memorial service out of a kind of necessity to mark the passing of a woman uniquely courageous. Many at the service were silent, yet even that silence, it seemed to Kate, spoke of loss and of the promised persistence of memory.　　　　　　—Amanda Cross

Amanda Cross (1926-2003) は現代アメリカのミステリー作家で New York City 大学の英文学教授でもある．ミステリー作品の数は多く，日本でも訳されている．課題文は，*Sweet Death, Kind Death* (E. P. Dutton, 1984) の冒頭の部分から取った．

【訳文】 ニョーヨーク市主催のパトリス・アンフェルビの葬儀には, ケイト・ファンスラも数百人の人びとと共に参列し, 全員が稀に見るほど感動的な式だと思った. 葬儀はクエーカー教の式として行われ, 故人の思い出を語りたい者は立ち上がって語るというものであった. ケイトのこれまでの経験によると, このような式次第の決まっていない式は不快なものになりがちであった. そう思うのは決して自分ひとりではまずない. 他にもそう思っている人はいるはずだ. 何しろ, この方式だとお喋りな者は図にのるし, 深い思い出や感情を抱く者は口を閉ざしてしまうことになるからだ. けれども, 今回の葬儀の場合には, ケイトの懸念は見当外れだった. 立ち上がって語った者たちは, パトリスを娘時代から知っていた男性も, 中年になってからのパトリスに励まされた女性も, 彼女の気力や輝きや寛大さをたたえた. とりわけ, 彼女の話を聞いた人たちが自分個人に向けて語りかけられているように感じたと証言したのであった. ケイト自身はパトリスを個人的に知らなかったのだが, 彼女の生前も死後も, 彼女について心躍るような思い出話をたくさん聞いたので, 稀に見るほど不屈の精神の持ち主であった女性の死を心に留めたいという, 同性としての一種の義務感から葬儀に出席したのであった. 式に出席した人たちの多数は立ち上がって語ることはしなかったけれど, 沈黙がかえって, パトリスを失った悲しみを雄弁に物語り, 彼女の思い出が永遠に残ることを示しているようにケイトには感じられた.

解　説

　まず全体を通読して下さい．パトリス・アンフェルビという女性の追悼式の模様が描かれているのはすぐ分かりますね．全体が Kate という女性の目で描かれています．これは著者のアマンダ・クロスの作品によく登場する女主人公です．第1文は特に問題はないようですが，いかがでしょう．強いて言えば，moving でしょうか．もちろん「心を動かす，感動的な」という意味です．

クエーカー教についての常識　　4行目にこの追悼式がクエーカー教徒の葬儀として行われたとありますが，それがどういうものであるか，知っていますか．専門的な詳しい知識でなく，ごく普通の常識で充分ですが，これはキリスト教の一派フレンド会のことで，この宗派の集会，礼拝は大部分を沈黙で過ごし，聖霊に感応するなどして特に発言したい者が立ち上がって発言し，祈りを唱える，ということです．日本の英和辞典は非常に充実しているので，この程度のことは載っているでしょうが，必要なら百科事典やキリスト教についての教養書によって容易に入手できる情報です．しかし，この知識がなかった場合，意外な誤解が生じるのです．

死者の復活！　　それは5行目 their experience 以下のところです．dead woman rising を「亡くなった女性がよみがえる」と誤解した人はいませんか．もちろん，死者の復

活を目撃する体験のある人など，今の時代にいるはずがないのですが，礼拝の席で証言する信徒が立ち上がるというクエーカー教徒の習慣を知らぬがために，dead woman rising と続けて読んでしまうということになるのです．

この場合は，相当高い英語の実力の所有者でも，死者がよみがえったと解釈しても不思議はありません．皆さんは大丈夫でしょうか．誤った人たちに問い合わせたわけではないので，私の推測ですが，きっとクエーカー教の集会についての上述の知識がなければ普通はそう解釈するでしょう．つまり正しい英文解釈のためには，英語力プラス常識が必要とはっきり言えます．

ただし，今回の場合，「立ち上がる」が rise で表現されていたことも誤解を誘ったのでしょう．どの英和にも Jesus rose from the dead.「イエスは死からよみがえった」という例文が載っています．それにつられて「死者のよみがえり」をイメージした人も多いのではないでしょうか．rising でなく standing up とでもなっていれば事情は違ったでしょう．さらにもし the dead woman でなく Patrice となっていれば，誤解する人は減じたでしょう．dead woman とみると，日本人ならまず「死者」という訳語が浮かびますからね．どうしても「死者の復活」と考えてしまうのです．つまり，同一の言葉を何度も使うのを嫌い，それを避けるためにいろいろの言い換えをする，という英語のくせも誤解に一役買ったのですね．to do so についても，正しくは「彼女について証言するために」ですが，「死者の復活」にこだわると，辻褄を合わせるために，「彼

女自ら証言せんがために」とか「自分で式をとり行うために」とか訳してしまうことになりかねません．

with の多様な用法　　次に行く前に5行目の with について，念のために，考えておきましょう．文法では「付帯状況の with」と呼んでいるものです．『英文法解説』から例文を2つ引用します．It's terribly noisy near the airport, with planes coming over all the time.「飛行機が四六時中飛んでくるので，空港の近くに住むと騒音がひどい」．With darkness closing in, the rescue party decided to break off the search.「暗闇が迫ってきたので，救助隊は捜索を一時中止することにした」．このような例によって同じ使い方の with の訳し方のコツを覚えましょう．

括弧に入れて考える　　In Kate's experience 以下の文では，7行目の she was, she felt, hardly alone in this,... が問題です．alone の意味も特定すべきですし，挿入構文は誰にとってもやっかいですからね．this が何を指すかも，すぐには分からないでしょう．ここを「このような式ではひとりであまり思い出に耽っていられないと感じた」としてみたら正しいでしょうか．それなりに考えた上での訳ですが，問題が2つあります．this を this memorial service に取ったのと，she felt がコンマでかこまれた挿入句なのを見落とした点です．and she から in this までを括弧に入れてみると，霧が晴れるように，太い幹の部分が見えてくるのではありませんか．つまり，「このような統制の取れてい

ない式は警戒すべきだ」というのが本筋です．そして，そのような考えは，何も Kate のみのことではあるまい，同じ思いの人は他にもいるはずだ，と感じたのですね．

　さてそこまで正しく読んだとして，またコロンが出ているので，この用法を考えましょう．前の場合は，セミコロンでしたが，似たようなものです．指名されずに人びとがこもごも立ち上がって話すのはいけない，と言うからには，例によって，その理由を述べよ，という英語のルールに従っているのです．ですから，コロンは，「これから理由を述べますよ」という合図です．

故人の人物像を想像する　　Kate の杞憂に反して，立ち上がって発言した人たちは節度を心得た人たちばかりであったわけですが，ここで故人はどういう立場の女性だったか想像してみるのも正しい解釈にとって有意義ですね．そのヒントは 15 行目の attention 以下にあります．「話した人たちに与えることができたらしい配慮」と直訳できる箇所です．個人的に友人と話すというのでなく，仕事として話す —— とくに「中年になってから励ました女性たち」が対象の場合 —— というニュアンスではないでしょうか．彼女は相談員，教師，心理学者，講演者というような職業の人であったと推察されます．すぐれた講演者は，多数の人を相手に話していても，聴衆のひとりひとりは自分個人に向けて語りかけられているような気配りを感じるとよく言われています．おそらく Patrice はそういうことのできる女性であったのでしょう．

spirit の意味　　her spirit のところに戻ります．これを「精神」と考えると，同格として並んでいる次の radiance と generosity の仲間になりません．どうすればよいでしょうか．辞書を引いて探してよいのですが，この場合，ついでに spirited も見て下さい．すると「意気盛んな」「元気のよい」というコンテクストに合致する訳語が見つかります．さらに「気力」とか「熱意」などと工夫してみることです．Kate had not known... に行きましょう．この know は，もちろん面識があるという know で，ここでは Kate は面識がなかった，ということですが，直接知らなかっただけで，その名前とか噂話はもちろん聞いていたのでしょう．よく I don't know Tom, but, of course, I know of him. というような表現で，世間によく知られている人物について語ります．out of a kind of necessity「一種の必要性に駆られて」は，そのまま直訳しても分かると思います．ただ，訳文には「同性としての」というような説明を加えましたが，女性同士の連帯感は，強い立場にあり続けてきた男性同士のそれより強いアメリカ社会でのことだから，と広い意味でのコンテクストを考えてのことでした．mark はどうでしょう．これもまた分かったようで，よくは分からず，従って相当する日本語が出てこないのではありませんか．「書き留める」とか「跡を残す」では不充分です．『フェイバリット』に mark the school's 100th anniversary という例文と「学校の 100 周年を祝う」の訳があり，用法としては近いのですが，この場合は「祝う」では困ります．「記念する」でもずれますね．結論としては，

やや古風な使い方ですが,「心に留める」がよいと思います. 最後の loss と promised persistence of memory も少し考えないと, すぐには分かりません. loss は「失ったこと」に違いないのですけれど, その直前の spoke of「～について語った」と結びつけるには, どうしても「失った悲しみ」というように言葉を補わなくてはなりません. それに較べると, 後者を「思い出がずっと続くという見込み」と解するのは考えて訳す人なら困難ではないでしょう.

心に残る言葉

　私が最初に名言の妙に感心したのは，19世紀のスコットランドの文人 Alexander Smith の The world has been circumnavigated, but no man ever has.「世界は一周されたけれど，人間は誰ひとり一周されず」という文でした．当時の私は「人間の心は謎だ」という Maugham の考えに共鳴していたので，この文に引かれたのでしょう．world と man の対比，has 以下の省略の簡潔さなど，いかにも気が利いています．

　この名言の次に接したのは Oscar Wilde の皮肉でウィットに富む名句でした．There is no such thing as a moral or an immoral book. Books are well written, or badly written, that is all.「道徳的だの非道徳的だのという本なんかない．よく書かれているか，へたくそに書かれているかの差しかない」とか，Nowadays people know the price of everything, and the value of nothing.「今日では人びとは，何についても，値段は知っていたって，価値はまるで分かっていない」とか，とても新鮮に思えました．暗記して音の響きのよさに酔いました．しかし次第に，中身が陳腐であるのが気になり始めました．当たり前のことなら，いくらしゃれた言い方で表現してみても仕方がない．表現の巧みさは尊重するけれど，内容が浅薄では困る，と思ったのです．

　名言・名句が人の記憶に残るのは，内容のせいか，表現の巧みさか．万人に長く感銘を与えるには，両者ともすぐれている必要があります．今日に至るまであらゆる機会に，聖書や Shakespeare から多数の名句が繰り返し用いられているのは，まさにそのためです．

▶ 常識が邪魔になる場合

―――《8》―――

When Raisa Nozhuyeva heard about the explosion that tore through the Pushkin Square underpass, she felt a pang of fear for her two sons. Not that they were anywhere near the blast; they were sitting right next to her. Nozhuyeva had a different concern: that she and her sons—recent refugees from Grozny—would be turned into scapegoats by angry Moscow authorities.

Chechens in Moscow well remember the aftermath of last September's apartment house bombings, when they were forced to reregister with the police and were subject to constant document checks and searches. Officials kicked Chechen children out of school if their parents lacked Moscow registration. Nervous landlords evicted them. And, according to human rights organizations, police planted drugs and weapons on dozens of innocent Chechens in order to incriminate them. That crackdown was formally kicked off by Moscow Mayor Yury Luzhkov, who called for reregistration and a crackdown on "guests of the capital" immediately after the apartment house bombings.

So many Chechens had a sense of déjà vu Tuesday when, mere hours after the explosion, Luzhkov declared that Chechens were behind it—a conclusion investigators have yet to reach.　　—Sarah Karush

2000年8月16日付の，モスクワでの地下道爆発事件を扱ったロシアの英字新聞の記事．

I-3 「常識」を柔軟に用いる

【訳文】　ライサ・ノズエヴァはプーシキン広場の地下道を破壊した爆発のニュースを聞いた時，2人の息子のことが心配になって心が痛んだ．といって息子たちが爆発現場の近くにいたわけではない．それどころか母のすぐ側にすわっているのだ．ノズエヴァの心配は別の種類のものだった．つまり，一家は最近グロズヌイから避難してきたという立場なので，もしかすると，立腹しているモスクワ市当局によって息子が犯人の身代わりにされるのではないかと恐れたのだ．

　モスクワ在住のチェチェン人たちにとって，昨年9月のアパート連続爆破事件の余波は，忘れようにも忘れられぬ出来事だった．警察への再登録を強制され，書類の調査や家宅捜査などがひっきりなしに行われたのであった．小学校でも，チェチェン人の両親がモスクワ市に住民登録していなければ，子供は退学させられた．不安に駆られた家主はチェチェン人を立ち退かせた．また，人権擁護団体の報告によると，無実のチェチェン人を犯人に仕立てようと，警察は薬物や武器を何十名ものチェチェン人の家にひそかに隠すことまでした．こういう厳しい取締りはモスクワ市長ユーリ・ルズコフが正式に始めたことである．この市長はアパート連続爆破事件の直後にも，市長名で，「首都への客人たち」に対する再登録と厳重取締りを布告したのであった．

　それ故，ルズコフ市長が今回の爆発事件からほんの数時間しか経たぬ時点で，事件の背後にチェチェン人ありと言明した火曜日に，多数のチェチェン人は悪夢の再現かと思ったのである．今のところ警察当局はまだそのような結論には達していないのだ．

解　説

　今回は，常識があるために，かえって誤訳をしてしまうという例です．2000年8月16日付のロシアの英字新聞の記事です．新聞記事といっても編集者の署名入りでのエッセイ風の記述であり，human interest に富むものです．人情の機微に触れるというわけです．掲載日の前週に起きたモスクワの地下鉄爆発事件を扱っています．第1段落を読んでみましょう．早速1行目 heard about のところ，about を無視して「爆音を聞いた」と考えた人はいませんか．「爆発事件について聞いた」としなくてはいけません．tore through は「引き裂くように貫いた」ということです．

不安の中身　　3行目，a pang of fear for her two sons では前置詞 for はどういう意味でしょうか．「〜のために」恐怖の心痛を覚えた，というように正しく解せたでしょうか．先を読めば真相は分かりますね．しかし，どのようにも取れるようにわざと訳出するのがよいのです．書き手は，読者に息子たちが外出中で爆発の被害者となったのかと一瞬思わせるのです．その思いを否定するのが次の文です．こういう書き方だと，読者は事の意外さに驚いて，記事に関心をそそられます．そこが書き手の狙いです．6行目の recent refugees from Grozny の前後にダッシュがあります．これはどんな用法でしょうか．日本語にする時も原文通りにダッシュを書いておくだけの人がいますけれど，コロンやセミコロンと同じで，ダッシュにも文と文をつなげ

るいろいろな意味があるので，それぞれの場合に適切な意味をもう少し説明してみて下さい．この recent refugees は she and her sons と同格ですから，「チェチェン共和国の首都グロズヌイから避難してきたばかりの」のようにして，she and her sons と結びつけるのも1つの方法です．ダッシュの次を読むと，ひどい目にあわされると記されているので，その根拠として身分上の説明が加えられているのです．だから，訳文のように，「～なので」と訳しておくのもよいと思います．もう一歩進んで説明訳として，「避難民は犯人扱いされるので」という解釈も考えられます．

nervous ≠「神経質」　　第2段落に行きます．まず well remember ですが，これは Remember Pearl Harbor! などと同じで，不快なことがどうしても忘れられないで覚えている，というニュアンスです．last September 以下は，1999年9月のモスクワで起こったアパート爆破事件のことを指しており，犯人はチェチェンのイスラム原理主義者とされています．(なお，このような情報はインターネットで，例えば Google で検索すれば容易に得られます．) searches は「身体検査」も考えられますが，コンテクストから判断すると「家宅捜査」までのようです．

　さてここで Nervous landlords を「神経質な地主」としたら正しいでしょうか．2つの問題があります．「神経質な」というのは，生まれつきそういう性質なのでしょうか，それとも，何かの事情で一時的にそうなっているのでしょ

うか．一般に形容詞はどちらにも使いうるので，区別できる場合はしたほうがよいのです．ここでは明白に「巻き添えになるのを心配している」ということですので，「不安に駆られた」や「おびえた」などが適当でしょう．landlord については，よく考えずに「地主」と訳しそうですけれど，ロシアに今も「地主」なるものが存在するか考えてみて下さい．「家主」や「大家」なら結構です．

知ってるつもりのイディオム　14 行目の according to 以下のところを，「人権機関に従って，警察はチェチェン家の者たちに……した」としたらどうでしょうか．原文を細部だけ見て，「横のものを縦にする」という感じで機械的に訳してゆくと，このような訳が生まれることがありえます．全体を見れば，人権機関がこのような人権無視の行為をやらせるはずはない，理屈が合わない，とすぐ分かるでしょう．内容をよく吟味しないで，あたかも英語と日本語の間に一対一の対応があるかのように訳すと，このような非論理的な訳文が生まれてしまいますから，よく注意して下さい．「人権機関」は「人権擁護団体」にすべきです．according to には「〜に応じて」と「〜に従えば」の 2 つの用法があります．課題文では，もちろん「〜に従えば」なのですが，これは前後のコンテクストの論理的な整合性によって決めればよいのです．上の訳では「チェチェン家の者」となっていますが，これは常識外れです．ここでは plant...on というイディオムがあり，英和辞典の説明でも事足りるでしょうが，英英辞典の説明と用例のほうが明確

かもしれません.*COBUILD* には,If someone plants something such as a weapon or drugs on someone, they put it somewhere that is associated with that person in order that they will be wrongly accused of something. とありますし,*LDCE* は These drugs aren't mine—they must have been planted on me! という例文を挙げています.

常識が邪魔をする　さて 17-18 行目です.That crackdown was formally kicked off のところ,「このような弾圧は市長によって一蹴された」と取った人がいると思います.kick off はサッカー・ブームの今日では名詞として「開始」の意味が知られていますけれど,元来は He kicked off his shoes. と言えば「蹴とばして脱いだ」という意味です.現場の警官が人権無視の過激な行き過ぎをやることはあっても,まさかそれを市長ともあろう者が率先してやることはない.これが健全な常識ではないでしょうか.ところがルズコフ市長は常識外れでしたので,常識人は誤訳してしまう結果になるのです.以前ある大学の入試の英文解釈の問題で,「神様は,実際に罪を犯した者でなく,手当たり次第に罰した」と訳すのが正しいのに,神様がそんな無茶なことをなさるはずはないという常識に従って,無理な誤った訳文を書いた受験生がいた,という話を聞いたことがあったのですが,ここも同じ誤りを犯しうると思います.正しい訳を生み出すには,コンテクスト重視,文法知識,常識,論理の力が要ると,私はよく言っている

のですが,時には「常識」が邪魔になることもあるのですね.

考え過ぎに注意　実は第2段落には,もう1カ所「常識」が問題になるところがあります.それは"guests of the capital"です.チェチェン人に対してきわめて厳しい態度の市長が,「お客さま」などという言葉を使うはずがないという「常識」による判断で,「よそ者」「お荷物」「厄介者」などという無理な訳語を使用しかねないのです.あるいは「客」のはずがないと決めて,辞書を引いてみると,『フェイバリット』などには載っていませんが,『大英和』,『リーダーズ』のような大型辞書には,「他国者,異国人」という意味が,〈今では使われない〉という注付きながら載っているのです.私は日頃から,知ってるつもりでも,念のために辞書に手を伸ばしなさい,と指導しているのですが,この場合は,それが仇になるのですね.どういうことかと言えば,引用符がついているのですから,これは市長自身が(つまり記事の執筆者でなく)公の場で,皮肉,嫌味をこめて「客人」と言ったのでしょう.ここまで分かった上で,どういう日本語訳にするか,訳文を見て考えて下さい.

　18行目の who called for のところが,どうして過去完了形になっていないのか,疑問に思った人もいるのではありませんか.had called となっていないために,今回の事件と1年前の事件とを混同してしまうおそれが少しあります.過去より前ですから,過去完了形を使ってもよいので

すけれど,『英文法解説』にも述べられているように, コンテクストから, どちらが先か分かる時には過去形で済ましてもよい, というルールがあるのです. 今の場合, アパート爆破事件が昨年9月であるのは周知のことなので, had called とする必要がなかったものと思われます.

　第3段落の So many Chechens の so many は so と many の間が切れるのか, くっついているのか, どっちなのか迷った人はいませんか. So many はイディオムであれば「そんなに多くの」ですが, ここにはふさわしくないので,「そこで, 多くの」と切るべきです. déjà vu は「既視感」という訳はあるけれど, まだ日本語として熟していないので, 自分で工夫して欲しいですね. 訳文の他,「前年の出来事が目の前に再現されたように感じた」という訳などもよく分かってよいでしょう.

　最後の文中の ——a conclusion investigators have yet to reach に込められた記者の心理は読み取れましたか.「警察はこれからそのような結論に到達するかもしれないが, 今はまだ分からないでいる」という意味ですから, このダッシュは,「それにもかかわらずはやくも」という市長への批判があります.

4
文と文のつながり

　教職にある人なら経験があるでしょうが，英語の本の1カ所を指差して「ここはどういう意味か分かりません」と質問されることがよくあります．私が問題の箇所を含めてその前後をしばらく読んでいると「あの，ここだけ分からないんで」などと言われます．日本語でもそうですが，英文はまとまった行数の文の続き具合を見ないで，1カ所だけ訳すことなどできません．論旨をたどる必要があるということですが，私には，英文の場合，前の文と後の文との有機的な結びつきがとても強いように思われます．簡単な例を挙げますと，I found Tom at the station this morning and struck him hard in the face. という文に続いて He had given a violent kick to my younger brother yesterday. という文があった場合，後の文の頭に For とか Because という語がなくても，前の文の理由を述べているのは明らかですね．この例では2つの文の関係は分かりやすいのですが，一般に文と文の，節と節の関係に注目することが大切です．この章では3つの角度からそれを検討します．

▶ 緻密な論旨の展開を追う

《9》

　There are people who have no head for cards. It is impossible not to be sorry for them, for what, one asks oneself, can the future have to offer them when the glow of youth has departed and advancing years force them to be spectators rather than actors in the comedy of life? Love is for the young and affection is but a frigid solace to a pining heart. Sport demands physical vigor and affairs a strenuous activity. To have learnt to play a good game of bridge is the safest insurance against the tedium of old age. The student of human nature can find endless matter for observation in the behavior of his fellow card-players. Meanness and generosity, prudence and audacity, courage and timidity, weakness and strength; all these men show at the card-table according to their natures, and because they are intent upon the game drop the mask they wear in the ordinary affairs of life. Few are so deep that you do not know the essential facts about them after a few rubbers of bridge. The card-table is a very good school for the study of mankind.

—Somerset Maugham

Somerset Maugham (1874-1965) イギリスの作家. 彼が編集した *The Traveller's Library* (1933) の序文から.

【訳文】 世間にはトランプがまったく不得意だという人がいるが，気の毒に思わざるを得ない．というのは，青春の輝きが消え，寄る年波のために人生の喜劇において出演者であるよりも，むしろ観客にならざるを得なくなる未来の時点で，そういう人は何を楽しみにするのかしら，と考えてしまうからである．恋愛は若者のためのものであるし，淡い愛情などというものは，老いてなお恋に憧れる者には寒々しい慰めにすぎない．スポーツをするには体力が要るし，不倫は精力的に動き回らなくては不可能だ．その点，ブリッジを上手にプレイするこつを覚えておけば，老年の退屈に備える一番確実な保証となる．人間性を知りたい者は，一緒にトランプを興じる人たちの態度に尽きせぬ観察材料を見つけることができる．けちと鷹揚さ，慎重さと大胆さ，度胸と臆病，弱気と強気——こういうものすべてを，人は自分の本性に従ってトランプ台の上で見せてしまう．そして皆ゲームに熱中するあまり，日常生活でかぶっている仮面を外してしまう．ブリッジの３回勝負を数回やって，なおその人の本性がつかめないという程に奥行きの深い人などまず存在しない．まったく，トランプ台は人間を勉強するのにうってつけな学校である．

解説

論旨の展開　モームのエッセイが大学などの入試問題によく出るのはご存じの方も多いでしょう．英語問題として選ばれる大きな理由は，語句や構文の難しさがちょうどよいからですが，論旨が折り目正しくてたどりやすいという事情もあります．彼の随想集『サミング・アップ』が，私

の岩波文庫の訳文で国語問題に時々出されるというのは，内容もさることながら，論理が明確だからに違いありません．ここでは，一般の目に触れることの少ない，彼が旅の時読むのに適するとして選んだ英米短編集の序文の一部を，その論旨の運びを中心に検討します．

one asks oneself　この挿入文の one は具体的には誰のことを指しているのでしょうか？「自問する」と訳して，トランプをやれない人が，「それなら自分は何をやればよいのか」と反省しているように取っていないでしょうね．そうではなく，トランプが得意の筆者が，やらない人に同情して，あの人たちは一体大丈夫なのかな，と心中で疑問視しているのです．訳としては，「思わず疑問が浮かんでくる」とか「一体どうなのだろうと思ってしまう」などでよいでしょう．

　3行目の the future have to offer them の have to を「ねばならぬ」と誤解した人はいないでしょうね．正確には「提供すべく持っている」です．次の comedy of life はそのまま「人生の喜劇」でもよいでしょうが，of は文法的には「同格の of」ですから「人生という (名の) 喜劇」としたほうが正確ですね．人生を喜劇，あるいは悲喜劇として捉えるイギリス人は筆者のモームだけでなく，一般の人にも多いです．

Love is for the young　ここから，中高年など人生の観客になった者の楽しみになりえぬものとして，love と

sport と affairs が挙げられています．まず love is for the young は分かりやすいですが，続く affection 以下は難解です．「愛情」といっても，家族や友人に与えられる普通の愛情とは違うからです．なぜかと言えば，pining heart と関係のあるような愛情だからです．では pine とは？ 多くの英和辞典には「恋い焦がれる，恋い慕う」とあります．異性に対しての感情ですね．ここは具体的に考えれば，例えば，中年男が年甲斐もなく若い女性に恋焦がれた時，相手の女性が男を恋の対象とは見ずに，優しい愛情を向けてくれたような場合の話です．男は感謝し喜ぶことはなく，frigid solace「冷たい慰め」としてしか受け取らない，というのです．

念のために記しますが，pine には「肉体的に衰える」という意味もあります．しかし，ここではその意味ではありえません．なぜなら，衰えた中高年者にとってなら，いかなる種類のものであれ，愛情を向けられれば，嬉しいですから．

affairs a strenuous activity と 8 行目にあるのは何でしょう．主語と目的語の間に demand が省略されているのを見落とす人はいないでしょうね．この affairs は何でしょう？ コンテクストから「情事」だとすぐに判断できた人は読者の中にどれくらいいるでしょうか？ おそらく 30% くらいに過ぎないでしょう．というのは，根拠があってのことです．実は『英語青年』の投稿者は英検 1，準 1 級のレベルだったのですが，それでも 122 名中で「情事，

浮気，不倫」としたのは 43 名で，残りは「仕事，実務」としたのですよ．おそらく strenuous activity とあったのが原因でしょう．でも，中高年者にとって何が楽しみたりうるかを論じている流れで，どうして「実務」が突然話題になるのでしょう？　ひどいコンテクスト無視です！　ここを誤った人は，英文読解ではコンテクストが大事だという鉄則を再度思い出して下さい．さて，次の strenuous activity は，具体的に考えると，情事の相手との連絡やら，デートの場所の設定，自分や相手の配偶者に発覚しないように嘘をつくなど，始終怠りなく行動せねばならぬ，ということでしょう．若い時と違い，精神的にも体力的にも負担となるので，中高年には楽しみにならない，という論理です．筆者はここまで，中高年に向かぬ楽しみを論じ，そこで残るゲームの楽しみに話を戻します．

ブリッジの魅力　といっても，ゲーム自体の勝ち負けでなく，別の魅力を語っています．The student of human nature と突然，遊びとは合わない真面目で大げさな文になりました．ブリッジ仲間の行動の観察がいかに面白いか，というのです．このあたり，やや性急な議論の進め方をしています．中高年の時間の過ごし方なら，ブリッジ以外にも，碁将棋，麻雀，読書，音楽，美術，あるいはボランティア活動，俳句和歌などなど，いくらでもあるのに，あたかもブリッジしかないような口ぶりですね．さらに，ゲームの勝敗に関する話は一切せず，人間観察の面白さのみ語ります．モームのような作家でない一般人が，果たしてそ

んなに人間性に関心があるというのでしょうか？　このような疑問を抱く方もいるのではないでしょうか.

　しかし，イギリスの私的なエッセイはもっぱら自分の好みを堂々と，時に強引に，さらけ出すのが特徴なのです. 20世紀の代表的なエッセイストであるリンド，ミルン，ルーカス，ガードナーは皆そうですし，モームも同じです. 筆者の勢い，筆の迫力に惹かれて，読者もその気にさせられるという次第です.

Meanness 以下　　ここでは人間のさまざまな性質が，ゲームに夢中なあまり，隠せずにトランプ台の上にさらけ出される，という様子を述べています. weakness and strength は体力のことではありませんよ. 後ろに according to their natures とあるのですから，精神面の強弱です. 通常の日常生活では，社会人として誰もお面をつけている，という記述がありますが，筆者の皮肉な人間観が窺えます. all these men show at the card-table の構文は分かりましたか？　men show all these を強調のために倒置したのですよ.

Few are so deep that...　　ここも誤解しやすい構文ですから要注意です. 実は，実力のある『英語青年』の投稿者が次のように訳したので，勉強のために利用させて頂きましょう.「もちろん，そんな熱中する人はめったにいないから，ブリッジを2,3勝負やったくらいで，トランプ仲間の根本的な人となりが分かるなどということはない．しか

し，トランプ台は人間を勉強するのに格好の修練の場である」

これが正解でしょうか？ こなれた日本語であり，原文を離れて読む限りでは，問題ないように見えますね．しかし，コンテクストと合致しないでしょ？ 実は，この投稿者自身おかしいと気づいたので，原文にない「しかし」を補っています．

正しい読み方　どう読めばいいのか，考えましょう．一般に so...that に否定語が絡むと，間違いやすいのです．He is not so busy that he can't go for a walk now and then. を訳してみましょう．「彼はそう忙しくないので，時折散歩に行くこともできない」でなく，「彼は，時折散歩に出かけるのも困難なほど忙しい，ということはない」あるいは「彼はとても忙しいが，時折散歩に出るくらいの時間はある」とすべきだと分かりますね．これを知れば，Few are so deep that... も，「ブリッジの勝負を数回やった後でも，その人についての肝心のところがまだ分からないほど，奥行きの深い人はまずいない」と訳せるはずです．

こうして細部まで正確に読んでから，改めて全体を読み直してみれば，ブリッジへの招待が極めて論理的に，余裕をもって展開しているのが納得できましょう．

▶ 文章どうしの関係

――《10》――

The bet was that we could not induce a self-centred and complacent lady of great wealth to part with a few roots of a pretty blue flower which was running wild beneath her trees. If you had ever met Mrs. Meridian you would understand why no one had the pluck to ask her for it direct.

The attacking party were the friends I was staying with and myself. Let me call my friends Father and Mother. A mutual friend had made the wager with us and the sum at stake was a shilling.

'What a charming plant!' said Father, opening the campaign. 'I can't remember ever seeing it before. Is it difficult to grow?'

'It grows almost automatically,' said Mrs. Meridian. 'But then so many of my flowers do. I don't know what there is about me that shrubs and plants so love, but there must be something.'

'I wonder how it would do with us?' said Mother.

'Let me see,' said Mrs. Meridian—'what is your soil? Clay, isn't it? I shouldn't think it would do at all. Mine is sandy loam. I doubt if there's a better soil in the country.'

'It would be an interesting experiment,' said Father. 'One never knows what a flower will do till you try.'

—E. V. Lucas

E. V. Lucas (1868-1938) は，イギリスのジャーナリスト．

I-4 文と文のつながり

【訳文】　自分本位で，いい気になっている富豪の奥方をくどいて，邸の樹の下に咲き乱れている可愛い青い花を少し根分けしてもらうなんて，できっこない，賭けてもいい，と言う者がいた．こんなことが賭けの対象になるのも，メリディアン夫人を一目でも見ればすぐ分かるように，彼女に対して単刀直入に「分けて下さい」などと切り出す勇気は誰にもないからだ．

攻撃隊は，私が泊めてもらっていた友人夫婦と私の3名．友人たちを，仮に「父」と「母」と呼んでおく．3名に共通の友人が上記のような賭けを仕掛け，賭け金は1シリングだった．

「なんてきれいな花でございましょう」と「父」が攻撃を始めた．「これまで見かけたことがありませんですね．育てるのはむずかしいですか？」

「いえ，放っておいてもいいくらいですわ」とメリディアン夫人が言った．「でも，そう言えば，宅の花は大体そんなふうに育っていますのよ．どうして，こんなに灌木や草花に好かれるのか，私自身では分かりませんけど，私にはよほど魅力がありますんでしょうね，ホホホ」

「この花，私どものとこでしたら，どうなりましょうね？」と「母」が加わった．

「そうざんすね，おたくの土は何かしら？　粘土じゃございません？　それでは，とても育たないと存じますわ．宅のは砂の混じったローム土ですの．こんなによい土って国中探してもないんじゃないかしら」

「粘土で育ててみるのも，面白い実験じゃございませんでしょうかね」と「父」が言った．「花っていうのは，実際に育ててみませんと，結果が分からぬものですからね」

解 説

Methuen's Library of Humour (Methuen, 1934) に収められた 'Massed Attack' というエッセイから.

どういう賭けか　読み出してじきに何の話か分かる時はよいけれど、今回のはどうもそうではないでしょう。冒頭の The bet was... というのも、「賭け」の中身がしっかりと理解できないかもしれません。どうやら、うまく頼むことができるかどうかということであるのは分かります。could not とあるので、「できないはずだ」というのが「賭け」のようですが、第2段落にその額が1シリングとありますから、賭けに勝てばそれをもらえるし、敗ければ1シリング出さねばならぬ、ということだと、段々分かってきます。まだはっきりしませんけれど、どうやら問題は「身勝手な金持の婦人に美しい花の株分けをしてくれるように説得する」ことだというのが見えてきます。

第1文と第2文の関係　つまりまとめてみると、こういうことのようです。Aが「できないね、1シリング賭ける」と言い、それを受けてBが「できるほうに1シリング賭ける。やってみて説得できたら1シリングきみからもらい、もしだめだったら、きみに1シリング払う」というのです。ここまで見えたところで、第1段落の2つの文、第1文と第2文の関係を検討したいと思います。Mrs. Meridian に掛け合うのは、「気位の高い女性」とあるので、

むずかしいかもしれませんが,近所の顔見知り同士のようですし,たくさん咲いている花を少し根分けして下さい,と直接に頼むだけなのに,それがなぜそれほど困難なのでしょう.普通なら,容易なことなので「賭け」にはならないでしょう.こういう疑問を第1文を読んだ人は持つと思います.その疑問はどこで解決されているでしょうか?それはもちろん第2文です.英語では,何か人の納得しないような文章があったら,次の文で弁明するのが当然視されているのです.むろん,日本語でも勝手な発言をしたまま,というのは許されないはずです.しかし,英語の場合は,そのような弁明をするのが当然だと自他ともに考える度合いはずっと高いのです.ですから逆に,「今そう言ったわけは」とか「だって」とかいう前置きのことば,for とか because などは,まず言いません.言わずとも説明するのが当たり前だからです.ですから,日本人が読む時には,for か because を補ってみるのがよいとさえ思いますね.たとえ接続詞がなくても文と文とは有機的につながっているのです.第1文と第2文の関係がお分かり頂けましたか.

stay with に注意　　第2段落以降で,前述の賭けの仕掛人Aと実行グループBがどういう人たちであるかが判明してきます.attacking party はBですね.3名のようです.友人夫妻と私です.the friends I was staying with という表現は知っていますか.こんな質問に戸惑いを覚える人は,おそらく,「一緒に滞在していた友人たち」という

やさしい文なのに，というように考えるでしょうね．もしそのような意味であるのなら，私も質問しません．これは多分，「(自分が今)滞在させてもらっている友人(夫妻)」のことでしょう．この2つの訳は，似ているようで，全然違った状況なのをよく考えて下さい．高校生の時，英作文の時間に「上京して伯父の家に泊めてもらった」は I went up to Tokyo to stay with my uncle. と訳すのだと習った記憶はありませんか．stay at my uncle's house と言っても誤りではないはずなのですけれど，あまり用いません．なお stay at Hilton Hotel with my uncle と言えば，「一緒に滞在した」になります．この泊まりに行った友人宅の近くに Mrs. Meridian の邸があるのでしょう．

文章の流れに注意　　9行目 A mutual friend というのは，おそらく，友人宅の近所に住む人で，Mrs. Meridian の人柄を知っているのでしょう．この人が賭けをしようと言い出した，つまり A ということになります．ところで，ここで，had made the wager と過去完了形が用いられているのは，何のためでしょうか．1行目の bet の時点にさかのぼって，「さっき述べた賭けというのは，実は……」と補って説明しているのですね．a wager でなく，the wager となっていることにも注意して下さい．第2段落は第1段落にぴったり結びついているのです．the sum も同じことで，これを「総額」としたらどうでしょう．僅か1シリングなのでおかしいでしょう．しかし，the sum =「総額」というように，ある時期に記憶してしまい，どん

なコンテクストでも自分の記憶していることを，パブロフの条件反射のように，すぐ言ったり書いたりする人が多いのです．常に文章の流れに気を配りましょう．

次の段落から，早速 Mrs. Meridian へ攻撃開始です．ずいぶん手強い相手のようですが，どんな作戦を立てて当たるのでしょうか．どういう言葉遣いをすれば，相手の心に訴えかけられるのでしょうか．日本語は英語より丁寧語が豊富なので，この対話は，日本語に訳すとしたらどれほど丁寧な言葉遣いにしたらよいのでしょうか．Mrs. Meridian はざあます言葉を用いるのでしょうか．

「花が」か「花を」か　　15 行目 But then so many of my flowers do. では，but then が「それにしても」と訳すことの多い句であるのを知らないといけません．do は直前の grow almost automatically の代わりですね．「ひとりでに育つと言ってもいいくらいだ」と得意気に言い，その理由として，植物から自分が愛されていると誇るのです．花が人を慕うなんて変だと思ったのか，ここは主語と目的語を逆にしてしまう人もいるかもしれません．あるいは，花から愛されるのが人でなく，人の周囲にあるもの，自然条件だと解する人もあるかもしれません．後者は about me を「自分の周囲一帯の土壌」と取るわけです．なお夫人は so many とか so love とか，so を何かと比較して「その程度まで」というのでなく，単純に very あるいは very much の代わりに使っていますが，これは女性や子供が好む表現とされています．there must be something の

something は「何かあるに違いない」の「何か」でよいのですけれど，この夫人の発言なので，「何かよいもの，すぐれたもの」というニュアンスが含まれていると思うのですが，どうでしょう．

will と would を用いる効果　I wonder how it would do with us? では，will でなく would が用いられているのに注目しましょう．will でも would でも，家の庭に移したとしたら，その花はどうなるでしょう，という意味になりますが，その実現の可能性がずいぶん違います．will は実現してもおかしくないという場合です．一方 would となると，あくまで仮定の話ということです．従って，この夫人相手ですと would を使うしかないのですね．will を用いたら，「それどういうこと？」と怒るかもしれません．なお，do with と結びついて見えるので，do with「関係する」と考えた人もいるでしょうが，ここには合いません．

I shouldn't think it would do at all. では，I think とどう違うかを考える必要があります．should という過去形の助動詞があることで think だけの場合と較べて断定の要素がずっと少ないと言えます．「だと思うのですけど……」と，日本語なら語尾をにごすような感じです．ただし，ここは否定を強調する at all がついていますので，should を用いている割には，丁寧な応対とは言えないかもしれません．まあ，いんぎん無礼というところでしょうか．ここの do はやや特殊な意味です．植物などが「育つ」，つまり grow と同じです．

one と you の差　　最後の Father の発言はどうでしょう．ここも，もちろん would が使われていますので，遠慮しながら，おそるおそる言ってみたわけです．clay の土壌に植えてみたらどうでしょう，と提案しているのです．One never knows の主語の one について述べておくことにしましょう．一般的な人を指すのには，we や you と較べると，one はややあらたまった感じを与えたり，気取っている印象を与えることもあります．しかし，気取り屋の Mrs. Meridian 相手では one を用いるしかないでしょうね．ここで面白いのは，本来 one を主語にしたら，後でそれをうける部分でも till one tries とすべきなのに，generic 'you' を用いてしまったことです．おそらく，Father は気取った物言いの苦手な人なので，one tries とは言いづらかったのでしょう．ところで，課題文はここで終わっているのですが，どうもこの賭けは A の勝ちに終わったらしいと想像しますが，どうでしょう．

多読への誘い

　精読と並んで大事なのが多読です．毎日のように英文に触れるのがよいのですが，たくさん読むためには平易で興味深いものでないと，長続きしません．多読に慣れていない読者には，名作を限られた語彙で書き直した Retold 物と，最初から語彙を限って執筆した Graded Readers をすすめますが，ここでは上級者用に英語以外の言語からの英訳本を紹介します．

　Happy families are all alike; every unhappy family is unhappy in its own way.

　Everything was in confusion in the Oblonskys' house. The wife had discovered that the husband was carrying on an intrigue with a French girl, who had been a governess in their family, and she had announced to her husband that she could not go on living in the same house with him.

トルストイ『アンナ・カレーニナ』の冒頭部分です．読みやすいと思います．ウェブサイト http://www.bartleby.com では，このほかにも様々な文章が紹介されています．一度立ち寄ってみてはどうでしょう．

　志賀直哉，武者小路実篤など白樺派の作家たちは若い頃ロシア文学を愛読したのですが，実はほとんど英訳本で読んだといいます．英語が得意でなかった彼らでも，英訳本を通して充分に英語で名作を楽しみ学ぶことができたのです．こういう先輩たちを見習いましょう．

▶ 前半と後半の関係

―《11》―

"Please God," she whispered to herself. "Don't let it be the one about the Englishman and the Scotsman and the American in the railway carriage, nor the one about the old lady and the parrot, nor the one about the couple arriving at the seaside hotel on their honeymoon night! I'll settle for any of the others, but please, please, merciful God, not one of those three—I can't bear it."

Her husband Budge, sitting opposite to her at the table, cleared his throat. Her whole body became rigid at the sound. With a great effort she took a cigarette and lit it. Some of the general conversation died away into polite attentiveness. She was aware, wretchedly aware, of the quick, resigned glance that Louis exchanged with Susan. She looked at her host Carroll, leaning forward politely, his good-looking face blank. Carroll was kind; Carroll understood; his manners were dictated by his heart—he wouldn't hurt Budge's feelings for the world; he would listen appreciatively and laugh at the right moments, saving his loudest, most convincing laugh for the point at the end, and Budge would never know, never remotely suspect for an instant, that he hadn't been amused.

—Noel Coward

Noel Coward (1899-1973) は20世紀の風俗喜劇の作者として知られる. 短篇 'Stop Me If You've Heard It' (*Star Quality*, Doubleday, 1951) の冒頭である.

【訳文】「後生ですから,神様.イングランド人とスコットランド人とアメリカ人が列車に乗り合わせた話だけは止めさせて下さい.老婆と鸚鵡の話も,ハネムーンの夜海辺のホテルに着いた夫婦の話も止めさせて下さい.他のならどの話でも我慢いたしますけど,神様お願いです,この3つだけは止めさせて下さい.お慈悲でございます.堪忍袋の緒が切れてしまいますもの」と彼女は心の中でささやいた.

食卓の向こうの席にいる夫のバッジはエヘンと咳払いした.それを聞くと彼女の全身がこわばってしまった.それでも頑張ってタバコを取り火をつけた.それまで仲良く話し合っていた人たちが次第に話を止めて,神妙に聴こうと身構えた.ルイスとスーザンは,しょうがないなというようにさっと目くばせした.彼女はそれに気づいて情けなくなった.招待主のキャロルを見ると,礼儀正しく体を乗り出し,ハンサムな顔には不快感など見せていない.あの人は親切だわ.分かっていてくれるのよ.いつも思いやりある態度で接してくれる人だ.あの人なら夫の気持を絶対に傷つけないだろう.にこにこして耳を傾け,要所要所で笑い,しかも一番大声の笑いは取っておいて,最後のおちが来た時に心から楽しんだように大笑いしてくれる.だからキャロルが少しも楽しまなかったのを夫は決して気がつかない,うすうす感じることも金輪際ありえないだろう.

解　説

ここでは課題文の前半と後半との有機的なつながりを考えてみましょう.最終的には全体をよく理解したいのです

が，時には前半が漠然としか分からぬ場合，後半を理解することで，前半の意味が鮮明に分かることがあります．もちろん日本語も同じことですが，特に英語では全体に一本のしっかりした論理が通っていることがほとんどなので，それがどういうものか捉えるのに，まず分かるところから着手して，徐々に手がかりを探し，最後に発見の喜びに達するのがよいのです．

まず状況をつかむ　まず全体を 1, 2 回通読してみて下さい．どういう情景か漠然とながら見当がつきましたか．もし無理でしたら，2 行目の the one は joke のことだとヒントを出しますので，さらに考えてみて下さい．そうすれば，誰かが joke を言おうとしている場面，5, 6 人の人の集まっている食事が終わりつつあるところであると見えてきましたか．そして，この she というのは，joke を語ろうとしている男性の妻であり，夫は得意になって語るけれど，他の人たちは，それを面白がりはしないだろうと彼女が考えていることなどもはっきりして来たでしょうか．

不特定の it　2 行目の the one が joke である —— やや大き目の辞書なら出ていますよ —— のが分かっても，その前の it が何を指すか考えなくてはなりません．ここは物語の冒頭ですから，はっきりこれを指すというものは見えないのは英米人の読者にとっても同じです．説明してしまいましょう．その時に問題になっていること，気になっていることなどを漠然と指す it というのがあるのです．《2》の

解説でも述べたのですが、ここでさらに詳しく説明しましょう。indefinite 'it' とか situational 'it' とか呼んでいる学者もいます。(「不特定の it」「状況の it」と訳しています。)この it について、はっきり頭に定着させて欲しいので、こんな実例を披露します。玄関のベルが鳴って電報が届き、それを受け取った夫が真っ青になった。その様子を見た妻が 'What is it?' と尋ねた。これを「それは何ですか?」と訳したとしたらどうなるでしょうか。夫は「故郷からの電報だよ」と答えるしかありません。もちろんこれは誤りで、妻は「一体どうしたの?」と尋ねたのです。この it が今問題にしているものですね。漠然としているとはいえ、この状況では重要なことを指しています。

イギリスとイングランド　さて Budge の奥さんの最大の関心事は、後半をよく読むと、Budge がこれから得意気に語る joke がどういうものかということです。Budge にはいくつかの得意の joke があり、中には聞く者をうんざりさせるものがあるようなのです。2行目から3つほど、いかにも陳腐な例が挙げられています。最初の例に the Englishman とありますが、これをうっかりして「イギリス人」としてはいけませんよ。この joke は、おそらく、3つの違った民族の特徴を誇張して、その差をもとにした笑い話なのでしょうから、「スコットランド人」と対比させるのであれば、当然「イングランド人」としなければおかしいですね。ささいな事と思う人もいるかもしれませんが、スコットランド出身の人に、'Are you an Englishman?' と

尋ねてごらんなさい．はっきりと 'No, I am not.' と答えますよ．

　妻の神への祈りの6行目にある settle for という句は，「〜で甘んずる」という意味ですが，それ以外に方法がないので，仕方なく我慢する，ということです．本当は，どんなものにしろ夫が口をつぐんでいるのがベストだけれど，もし口を開くのなら，せめて他の joke にして下さい，というのです．ここに用いる動詞として，正にぴったりですね．

妻の心理　　第2段落に行きます．Budge の妻の気持が次第に明瞭になってゆきます．10行目，cleared his throat は「のどをきよめた」「咳払いをした」と訳すしかないのでしょうけれど，多くの場合，これから面白い話をするから，よく聞いて欲しい，という合図代わりにするのです．「エヘンと咳払いをした」がよいと思います．「いよいよ始まる」そう思って妻の身体が緊張して凍り付きます．ですから，次の With a great effort は「やっとの思いで」でよいのですけれど，念のためにつけ加えると，筋肉が硬直して動かないので，タバコ1本取るのも困難なのです．肉体と精神の両方が硬直しているのです．12行目 general conversation は分かりますか．「一般的な会話」とは具体的に何でしょうか．「全員が参加する」を訳例に挙げている英和辞典もありますが，ここは10名以下のパーティですので，出席者全員が加わっている会話です．あちらでこそこそ，こちらでこそこそ喋るというのとは違います．また，

ただ「とりとめのない雑談」というものでもありません．1 人だけが話して，他の人たちはそれを傾聴する形の会話(?) を Budge は要求したので，波紋が生じているのです．

そう考えると 13 行目 polite attentiveness も「礼儀正しい注意深さ」では，物足りませんね．コンテクストを考えると，紳士淑女として礼節を守るために，耳を傾ける体裁を取ったのですから，「神妙な顔をして」とか「礼を失しない程度に」とか工夫した訳をして欲しいですね．

周りの反応　次に，14 行目を見て下さい．Louis が Susan とかわした resigned glance とは何でしょう．これはむずかしくありませんね．文字通り，「あきらめたような目差し」です．Budge が「エヘン」と咳払いしただけで，このようにさっと目配せしたというのは，Budge はよほど退屈な冗談を言う人だという評判を取っているのでしょう．妻の wretchedly aware というのも納得がゆきます．一方パーティの招待主の Carroll は，his good-looking face blank とあります．ここは文法的には face と blank の間に being が省略されている，独立分詞構文というものですね．この blank を「無表情」や「うつろ」や「生気がない」としていいか考えて下さい．Carroll の様子を見て，Louis と Susan の態度に情けない思いをした妻が，ほっとしているのですから，この blank は思いやりのあるものであるはずです．その先に書かれているように Carroll だって，Budge の joke には本心はうんざりしているのだけれど，わざとぽかんとした表情を作っている．ですから「表

情を消して」とか「不快感を見せていない」とか訳すとよいと思います．そうすることによって，次の Carroll was kind 以下の，妻の感謝の気持と結びつくのです．

描出話法　ところで Carroll was kind から最後までは，いわゆる描出話法で書かれているのです．客観的に「親切だった」のか，それとも「親切だ」と妻が思ったのか，どちらでしょうか．次の Carroll understood も，「理解していた」のか，「理解しているのだわ」と彼女が思ったのか，区別して下さい．

　描出話法という用語は耳慣れないかもしれません．高校段階ではしっかりと習っていないかもしれませんね．しかし，用語は知らなくても，この話法に出会った経験は，多少とも英語を読んでいる人なら必ずあると思います．私自身は運よく高校生の時に故大塚高信教授の『英文法の知識』に出会い，この中で次のような解説に触れてこの話法に開眼したのです．とうの昔に絶版となったこの名著に敬意を表してここに引用します．旧仮名遣いですよ．皆さんもこの機会に覚えて下さい．

　〈**描出話法** Represented Speech〉　主文の動詞，即ち伝達動詞はないけれども，伝達文は他の文と同じやうに過去の形にし感情的描写をしたもの．例へば
　She knew to an inch the spot which his knees had pressed twenty winters before, his outline as he knelt, his hat on the step beside him. *God was good*.

Surely her husband must kneel there again.(神様は御親切でおありなさる.きっとうちの人はあそこに跪くに違ない)

訳文で解るやうに最後の文は She said to herself の如き主文を補った従属文に相当する.かかる表現は心理描写の小説に多い.

21 行目の the point at the end は冗談や落語の「おち」です.最後の he hadn't been amused の he はもちろん Carroll ですね.では amused の後に言葉を補うとしたら,どうなりますか.そう,by Budge です.

第Ⅱ部

文体と内容を味読する

1
新聞記事を読む

　アメリカとイギリスそれぞれの代表的な新聞 *The New York Times* と *The Times* の文章を読んでみましょう．新聞の文章は，きびきびしていて論理が明確であり，用語も古臭いものを避け生きの良いものを用いる，というような特徴があります．しかしこれは一般論ですから，伝達する中身によって変化するのは言うまでもありません．第Ⅰ部《8》ではモスクワの英字新聞を取り上げ，事件の報道記事を読みました．ここでは *The New York Times* からは社説，*The Times* からは文化欄を読みます．前者はアメリカで起こった同時多発テロ事件の翌日の朝刊のものですから，やや特殊です．社説の執筆者も読者の興奮のかなりの部分を共有しているのですが，社説の性格上，一定の冷静さを保たねばなりません．抑制の利いた文章に昂揚した執筆者の気分が顔を出しているのを発見することが英文の味読になります．*The Times* からは社説というお堅いものと違い，心理学のアンケート調査を伝える文化欄の記事です．もっと長くなりうる内容を要領よくまとめあげている点に新聞の文章の特色がうかがわれます．

《12》

 Remember the ordinary, if you can. Remember how normal New York City seemed at sunrise yesterday, as beautiful a morning as ever dawns in early September. The polls had opened for a primary election, and if the day seemed unusual in any way, that was the reason—the collective awareness that the night would be full of numbers. All the innumerable habits and routines that define a city were unbroken. Everyone was preoccupied, in just the way we usually call innocence. And by 10: 30 a.m. all that had gone. Lower Manhattan had become an ashen shell of itself, all but a Pompeii under the impact of a terrorist attack involving two airliners that crashed into the World Trade Center and then brought its twin towers down. In Washington, a third plane had plunged into the Pentagon. The president was for a long while out of sight, his plane seeming to hop around the middle of the country in search of security. For all Americans, the unimaginable became real. In his evening speech, George W. Bush said yesterday was a day we would never forget. It was, in fact, one of those moments in which history splits, and we define the world as "before" and "after."   —*The New York Times*

THE WAR AGAINST AMERICA: An Unfathomable Attack
From The New York Times, 12 September 2001, Copyright © 2001 by The New York Times
All rights reserved.
Used by permission and protected by the Copyright Laws of the United States.

The printing, copying, redistribution, or retransmission of the Content without express written permission is prohibited.

《6》《8》《9》参照.

1 **Remember** 「思い出す」のか「覚えておく」のか考えること.
4 **had opened** 事件を過去形で書いたので,それより前の出来事なのだということを示すための過去完了形.
4 **primary election** 「予備選挙」.
7 **be full of numbers** 投票数がマスコミで報道されることを指す.
8 **define a city** 「都市であることを明らかにする」が直訳.
11 **of itself** 「自然に」という意味のイディオムではない.
20 **yesterday** もちろん9月11日を指すわけだが,そのまま「昨日」と直訳してよいか.

*　　　*　　　*

解　説

事件直後の興奮　早速,2001年9月11日のアメリカの同時多発テロ事件を扱ったものを読んでみましょう.翌日の朝刊の社説の冒頭の部分です.大事件直後の興奮の中で執筆されたことを示す昂揚した文体を味わいましょう.もしこの社説が,事件の数カ月後に書かれたものであれば,例えば,Bush大統領がテロとの戦いについて述べた「正義のための戦い」の「正義」とは何かとか,そもそも「正義のため」という戦争の種類など本当にありうるのかなどという反省が介入するために,とてもこのような文章にな

りえなかったのではないかと，想像されるのです．

表現形式が語るもの　　何が述べられているのか，それを忠実に読みとることは大事です．しかし，それがどのような形で表現され，どのような気持を伝えているかを探るのも，同じように大切です．表現の形をつぶさに分析することで，文章にこめられた執筆者の気持を知りましょう．さて，全体を通読してみて，事件の大きさ，重さに注意を引くため，その「前」と「後」との対比を行って，落差をドラマティックに表現しようとしていることに気がつきませんか．「前」と「後」という語は最後に出て来ますが，その結論に至るまでの文章において，まず早朝から10時半までの大都市の様子を描き，これとの対比において，記事の見出しのような簡潔な表現で具体的なテロによる衝撃を述べています．このような全体の構成を，漠然とでいいですから，まず捉えて下さい．

remember の意味　　「前」の状態を表現する言葉として1行目の the ordinary があります．「普段，普通」ということですが，これを remember せよ，という場合，「覚えておけ」なのか「思い出せ」なのかどちらでしょうか．まずは，普段の状態は二度と経験できなくなったのだから，しっかり頭に留めておくべきだ，とも考えられます．こう考えると，if you can とよく結びつきますね．つまり，事件のことなど夢想だにしていなかったのだから，ぼんやりとしか見ていなかったわけで，それを「頭に留めておくの

は無理だろうけれど」というニュアンスがよく出ると思います．しかし，どうでしょうか．私は「思い出せ」だと思います．読み進めると，事後の述懐であるより，追体験に力点をおいた構成になっているからです．事件の起きた時刻より過去にさかのぼって，日の出の様子から説き起こし，次第に核心に迫るという書き方になっているのではないでしょうか．このように解釈した場合には，if you can は軽く「できれば」ということになりますね．

美しい朝　同じく 1-2 行目 how normal 以下は，the ordinary の具体的な実例です．ここでもまず抽象的な「普段」という語を用い，次にその具体的な中身を提示するという英語の文章のくせが出ています．この朝は美しかったとありますが，この beautiful はあまりロマンティックに読まないこと．読者として「かつてなかったほどの美しい日の出」と考えたい誘惑は分かります．事件の悲惨さ，みにくさと対比させたいですから．でも「対比」されているのは，「通常」と「異常」なのです．それに，as beautiful as ever という表現が「最高に美しい」という解釈を許しません．9月はじめの朝の日の出は，いつも美しいのです．そして，その日も相変わらず，ほどほどに美しかったのです．その力点のあり方を読みとってこそ，執筆者がテロ事件によって受けた衝撃を読みとることができるのです．細かいこともおろそかにしてはいけません．dawns が「(夜が)明ける」という意味の動詞で，名詞でないのは，むろん分かっていますね．

時制の起点　　4行目の The polls had opened はニューヨーク市長のための予備選挙の投票のことですが，これがすでに開始していた，というのは何時頃のことでしょうか．「過去完了は過去よりさらに前のこと」だからといって，まさか日の出前から投票は始まっていません．ここでの過去の中核的な一点は事件発生時ですから，それより前，ということです．in any way を機械的に「とにかく」とか「いずれにせよ」と考えた人はいないでしょうね．「いかなる点でも」，「どのような面から見ても」として欲しいところです．that was the reason の that は代名詞として，何を指していますか．前にある election の開始でもよいし，後の collective awareness 以下でも，結局同じ内容ですから，どちらと考えてもよいでしょう．ところで collective awareness は何と訳しますか．「共通意識」ということではありますが，もっとくだいた表現にすべきですね．「誰もが承知していた」などというように．

「数でいっぱい」とは？　　7行目の be full of numbers は問題です．これはジャーナリズムの文章特有のきわめて簡潔な表現です．読者は勘を相当に働かせなくてはなりません．普通の英文だと，このように「具体的にどういうことかな」と思わせられた場合，次の文に補足的な説明があると期待してよいのです．けれども今の場合は，次の文はもう違った話題に移っているので，numbers の意味は，前の選挙とからめて考え，投票の数だろうと見当をつけるしかありません．ジャーナリズムの文章では，「詳しい説明」

より「迅速な報道」を優先させるということなのでしょう．numbers を「仲間たち」と取って，「人ごみでいっぱい」としたり，辞書によっては「賭博」とあるのを利用して「数の賭博でいっぱいになる」としたり，誤訳する人がいたとしても無理はないかとも思います．しかし，ここでもコンテクストをよく考えれば，何とか正解に至ると信じます．さらに次の define a city のところ，define を「(語などを)定義する」とだけ覚えていたのでは，困るかもしれません．ここでは，都市というのは，こういうものだとはっきり分からせる，というほどの意味になります．

朝の忙しさ　8-9 行目の Everyone was preoccupied に行きます．この単語は，ほぼ busy と同じと考えてよいのですが，その意味合いを余すところなく充分に理解するために，具体的にどういう仕事で忙しかったのか，見当をつけてみましょう．そういうこともコンテクストを読み解くことなのです．そこで事件を思い出してみると，1 機目が世界貿易センターの北棟に激突したのが 8 時 45 分で，2 機目が南棟に 18 分後にぶつかり，これにより事故でなくテロ攻撃だと判明したのです．都会人が 8 時前後にしていることと言えば，朝食などの出勤の準備で，この日に限って言えば，出勤前に投票所に行った人もいるでしょうから，そのように市民の義務を果たしたり，忙しく動き回っていたのでしょう．テレビを見る余裕のなかった人も多いでしょう．つまり身近に大事件が起きたのも知らずに，のんびり日常的な作業に追われていたという，恐ろしさを筆者は

強調しているのです．こういうことは，ビルへの最初の激突から崩壊に至るまで2時間近くの時間が推移しているのを読者が知らなければ，分かりません．やはりコンテクストを考えなければ，英文の正しい理解はありえないのです．

and の意味　　そこで10行目の innocence です．むろん「無邪気」「天真爛漫」「無知」でよいのですけれど，ここは「一瞬先の闇を知らず」とか，さらに説明的に「普通の日常生活がずっと続くことに何の疑いも持たず」とか，事件と関係させて考えるのが望ましいと思います．訳文では「知らぬが仏」を使ってみました．続く And by 10:30 a.m. の And はどう取りますか．「そして」「それから」でよいと思いましたか．And が文頭に来る場合，統計的に調べたわけではないですけれど，軽く「そして」ということは少なく，「さらにもう1つ」とか「それなのに」とかと，強調していることが多いと思います．そしてここは，「それなのに」と考えるのが自然だと思います．

緊急事態に際して　　同じ10行目，all that had gone の all that は何を指しているでしょう．上の ordinary なものすべて，であろうことはすぐ分かるでしょう．しかし，この all that も preoccupied も，さらに言えば，おそらく numbers も，やや説明不足というか，舌足らずかもしれません．ジャーナリズムの英語では簡潔さを尊ぶといっても，これを書いた記者が論説文をよく推敲したとすると，もっと丁寧に書き改めたのではないだろうか，と私は想像

します．けれども，その反面，それだけにかえって，執筆者の余裕のなさ，興奮状態がうかがわれて興味深いのです．

yesterday は「今日」　11 行目の an ashen shell of itself では，of itself をイディオムと解して『熟語辞典』を引き，「ひとりでに」かと考えた人もいるでしょう．しかしここは「それ自体の灰色の骨組」とするのが，直訳ですけれど，正しいのです．イディオムの知識は豊富なほうがよいに決まっていますけれど，だからといって，常に成句として考えてはいけません．成句かどうかはその都度見分けて下さい．逆に，次の all but は文字通り「〜以外すべて」としてはいけません．これはイディオムで「ほとんど」の意．大統領の事件当日夜のスピーチのところ，「昨日は絶対に忘れぬ日だった，と述べた」などと直訳した人はいないでしょうね．社説は事件の翌日で，スピーチは事件当日なのです．昔習った直接話法と間接話法の転換とその訳し方を思い出すことですよ．忘れていたら『英文法解説』の話法の章を開きましょう．

【訳文】 できれば普段の時のことを想起して欲しい．昨日の日の出の頃のニューヨーク市が，9月上旬の普段と同じ美しい朝を迎えたのを思い出して欲しい．予備選挙の投票はすでに始まっていた．この日が多少とも普段と違っていたとするならば，その点だけだった．夜には票数のことが盛んに話題になるだろうと誰もが思っていたという点だ．都会ならではの無数の習慣やら日課やらは普段と変わらなかった．市民たちは誰も，いわば知らぬが仏とでもいうような様子で，忙しく動き回っていたのだ．だが，そういうことはすべて10時半までには吹き飛んでしまった．マンハッタン南部は，旅客機2機を世界貿易センターに激突させ，ツインタワーを崩壊させたテロ攻撃にさらされ，灰色の骨組となった．ポンペイ同然の廃墟と化したのだ．ワシントンでは3機目の旅客機が国防総省に突入していた．大統領は長い間姿を見せなかった．専用機は安全な場所を求めてアメリカの中部を転々としていたようである．すべてのアメリカ人にとって，想像もできぬことが現実になった．その日の夜のスピーチで，ジョージ・W・ブッシュ大統領は，この日は決して忘れられぬ日となろうと述べた．実際，昨日は歴史の分かれ目となる分岐点であり，今後われわれは，この日の「前」と「後」という言い方で歴史を語ることになるのだ．

──《13》──

Illness and injury are in the eye of the beholder. "I am ill, you are malingering, he is a total fraud" appears to be the way in which many people conjugate the verb to ail. Acting as amateur psychologists, they make assumptions about other people and attribute motives that are seldom justified, according to Margaret Mitchell, of Queen's College, Glasgow.

She found that almost a quarter of respondents in a survey answered yes to the statement: "People who get injured in some way and temporarily can't go to their work are usually in no hurry to get better." Almost a third agreed that "being injured and off work gives people a well-earned break, like an unexpected holiday." Almost two thirds thought that malingering was "quite a problem" for employers.

Yet when she studied people who were convalescing from injury she found that far from having a good time they were actually getting more and more depressed. She identified no malingerers.

When she looked at circumstances thought to delay the recovery of patients, she found that none of those proposed by GPs, such as job dissatisfaction or the desire for financial compensation, were influences on recovery time.
— *The Times*

One Man's Illness Is Another's Day of Rest by Nigel Hawkes (The Times 29 August 1991) Copyright © 1991 by NISyndication Limited, London.

《3》《9》参照.

1 **in the eye of the beholder**　主語を beauty に置き換えると「美は見る人次第である」という諺になる．
3- **conjugate the verb to ail**　しゃれた表現．この to は決して in order to と同じでなく，原形であることを示す一種の符号．
5- **attribute motives…**　「～のような動機が(彼らに)あるとする」が直訳．cf. They attribute diligence to the Japanese people.
13 **well-earned break**　「当然の報いとしての休み」．悪い意味の well-earned は，例えば，後に punishment がくれば「自業自得」となる．
19 **identified**　ここは discovered と同じと考えてよい．
22 **GPs**　General Practitioners「一般開業医，かかりつけの医師」．

　　　　　＊　　　　＊　　　　＊

解　説

要領よい記述　　200 年以上の歴史と伝統のあるイギリスの新聞 *The Times* からの文章．人間への関心をあらわにした文化欄の記事です．だらだら報道すればもっと長くなりうる内容を，これだけの語数で，要領よくまとめあげている点に注目して下さい．慣れぬレポーターがこの 2 倍ぐらいの長さで書いたものを，ベテランのデスクが無駄な枝葉を切り棄てて必要にして充分な幹のみ残したという印象を私は受けました．内容は理解するのがむずかしいというものではなく，誰でも体験していることも，ユニークな視点から眺めれば，違った事実が分かる，というものです．

文章に無駄がないので，まず書き出しの第1段落をしっかり理解し，そこで述べられていることが，第2，第3，第4段落で裏付けられたり，補足されたりするのを見届けるのが望ましいでしょう．新聞記事の場合，一番肝腎なことを早く読者に伝えることが期待されています．いろいろなエピソードやら具体例を挙げてゆき，一番最後に結論に達するという語り口は，ジャーナリズムとは相性が悪いのです．

「見る人次第」　　冒頭の第1文 Illness and injury are in the eye of the beholder. は，全体がよく理解できた上で再読してみると，全文のすぐれた要約であると分かるでしょう．細部まで全体を検討してから，ぜひもう一度味わって下さい．第1文の in the eye of という句から，Beauty is in the eye of the beholder. という諺を思い出した人もあったでしょうか．「美は見る人次第である」ということですが，beholder は古語と言ってよいでしょうから，この語を用いた執筆者もこの諺を意識していたと思います．in the eye of を「衆人環視の的」とか「人の目を引く」などとすると，似ているようで違います．

　次に conjugate the verb to ail をすぐ「ail という動詞を活用させる，人称変化させる」と取れましたか．to ail というのを，「悩むために，患おうとして」などと不定詞の副詞用法と誤って取った人はいませんか．この to は in order to ではありません．動詞の原形を示すのに用いる一種の符号です．前に戻って 1-2 行目，"I am ill, you are malingering, he is a total fraud"「私は本当に病気，あんたは仮病，あいつは完全なペテン師」の文は気が利いていますね．

訳語を工夫してみる　　4行目，Acting as amateur psychologists「素人心理学者ぶる」というのは，病気またはけがで休んでいる他人について，あれこれ推測し，その人たちの心理を素人なりに分析しているというのですね．make assumptions は分かるでしょうが，次の attribute motives that are seldom justified は，うまく訳せないかもしれません．「めったに正当化されない動機のせいにする」，「まず正しくない動機があるとする」などと訳してみても，そう訳した本人が何のことか分からないでしょう．語順通りに意味を取って，「これこれの動機があるのだと決めつけるけれど，そんな動機があったとはまず証明されない」とすれば，少しは分かりやすくなるかもしれません．内容を取って，「はっきりした証拠もないのに，あれやこれやの動機があるものと判断する」とすれば，さらに明快になりましょう．according to 以下は，新聞記事にお定まりの表現で，取材先，情報の出所を明示しているのです．

正しい訳は論理の流れから　　第2段落に行きます．ここでは病人やけが人について Mitchell 教授がアンケートを実施し，「病人，けが人はこうこうだ」と記した文に述べられていることが客観的に判断して正しいと思うか否かを尋ねているのですね．answered yes とあるのは，「あなた

は早く治ろうとしないのでしょう」と質問されて,「はい,私はそうです」と答えているのではないのです．第1段落にあるように,素人心理学者として他人の心を分析した上での答えです．この点を明確にしておかないと,次の a third agreed 以下を誤解することになります．まず A と B と 2 つの訳例を示しましょう．どちらが正しいでしょうか．

　A.「けがによって仕事を休むということは,自力で勝ちえた休みであり,思いがけない休日のようだ」に対し,ほぼ 3 分の 1 の人が賛意を示した．

　B.「けがで休めたことで,その休んだ人びとは,例えば不意の休暇のような,休んでも当然の休みをもらったと思っている」に,ほとんど 3 分の 1 の人はその通りだと答えた．

どうですか．A と B とあまり変わらない,と思う人はいないと祈ります．B が正しいのです．A のように訳すと,回答者が自分の場合について解答していることになり,他人の心を分析する立場から離れてしまうでしょう．まるで「あなたの場合にも,そのように考えますか」と質問されているかのようになってしまってはいけません．B のように訳せば,第1段落の you are malingering, he is a total fraud と呼応します．つまり,他人に対して批判的で,他人は図々しくも,平気で仮病を使うものだと決めつける態度を取る人が 3 分の 1 存在するという趣旨が正しく伝わります．

　けれども,原文の字面から不注意に訳すと A のように

なり，Bは生まれません．Bを生むためには，面倒でも，文全体の趣旨，第1段落から一貫している論理の流れをしっかりつかむ必要があります．正しい訳Bはコンテクストの正しい把握から可能となるのです．

key sentence に戻る　　実は，次のアンケート，つまり仮病が雇用者にとって云々，についても慎重に考える必要があります．「仮病は雇用者にとって，大問題である」で何がいけないのか，と不思議に思う人もいるかもしれませんね．でも，考えてみて下さい．どこの国でも，いつの時代でも，使用人が仮病なんか使ったら大問題ではありませんか．当たり前です．そんなことを問うなんて，アンケートにもなりません．そうではなくて，「雇用者にとって仮病はいま大問題になっている」というのであれば，問う意味が生まれます．前者の訳は英語を日本語に機械的に置き換えただけで，コンテクストを忘れたのがいけないのです．

　第3段落と第4段落は，今度は病人とけが人たちを調査した結果です．上のアンケートの結果とずいぶん違うのですね．ここに至って，冒頭の第1文，「病気やけがは見る人次第」が全文のまとめなのだと納得できるでしょう．入試問題などで，長い文章全体を読ませてから，全体の趣旨を表現している文はどれか，と問われることがありますね．その key sentence が冒頭に来ていて，後にはそれを例など挙げて解説しているわけです．GPs は General Practitioners の略で，「一般開業医，かかりつけの医師」のことです．

【訳文】 病気やけがは見る人次第である．「私は本当に病気，あんたは仮病，あいつは完全なペテン師」というように，動詞「病む」を人称変化させる人が多いらしい．人は素人心理学者を気取り，他人の病気やけがについて臆測し，あれやこれやの動機があるものと判断する．けれども，判断が正鵠を射るのは稀である．少なくとも，これが，グラスゴーのクィーンズ大学のマーガレット・ミッチェル女史の説である．

「なにかのことでけがをして一時的に仕事に行けない人は，普通よくなろうとあせったりしないものである」．女史の調査によると，この記述に対して回答者のほぼ4分の1が○をつけたという．「けがをして仕事を離れている人は，予期せざる休暇を与えられた気分で，してやったりと思っている」という項目には，ほぼ3分の1が○をつけた．「仮病が多くていま雇用者は頭をかかえている」には，およそ3分の2が○をつけた．

アンケート調査とは相違して，けがから回復しつつある人たちを女史が調べたところ，浮かれ気分でいるどころか，次第に気分が落ちこんでいるのが判明したという．仮病の例は1例も見当たらなかった．

病人の回復をおくらせている動機として，開業医によって，仕事への不満とか，補償金を釣りあげようという欲求とかが挙げられるのだが，女史の調査によると，こういう動機は回復期間の長さになんの影響も与えていないのであった．

2
高級週刊誌・月刊誌を読む

　英米には英語の読み書きの教材にふさわしい高級な雑誌があります．週刊誌ではイギリスの *The Economist* とアメリカの *Time, Newsweek, U.S.News & World Report* など．いずれもワンランク上の英語力を身につけるための手本になる格調の高い英文で世界的に評価されています．政治，経済，社会，スポーツ，国際関係，自然科学など，文化と社会に関するあらゆる領域を扱っています．新聞ではないので，事件直後に報道する必要はなく，余裕を持って冷静に分析した上で，正確な記事を書けばよいわけです．語り方に工夫を凝らして魅力的な文章にしてあります．

　今では *Newsweek* には日本語版が出ていますし，*Time* も定期購読者用にインターネットで注釈と訳が読めるようになりました．ここでは，他の雑誌から厳選した英文を読みます．*Book-of-the-Month Club News* という書評専門の月刊誌から新刊書紹介，および *U.S.News & World Report* から現代学生論を，内容とそれを伝える英語と両方の魅力を探ることにしました．

―――《14》―――

Our hero is Martin Clay, an easily distracted philosopher who has come to the English countryside to write his masterpiece on nominalism. Soon, he and his wife are invited to dinner by the boorish landowner Tony Curt, who wants their opinion on some old paintings currently blocking the draft from the chimney. But Martin discovers that hiding beneath the soot is nothing less—or so he believes—than a lost work by Bruegel, worthy of a place in the National Gallery, not to mention millions and millions of pounds. Soon, soaring dreams and desperate schemes are afoot as Martin embarks on a quest to separate the painting from its seemingly guileless owner before he figures out what he has.

Part of what makes the book so wonderful is the research Martin does to verify his dream Bruegel, a sleuthing job that takes the reader into the bloody history of Holland's war with Spain and the thorny question of whether the artist collaborated or fought with the forces of oppression. If you want to take a dip into art and history and be seriously entertained at the same time, this is the way to do it.

—*Book-of-the-Month Club News*

現代アメリカの人気作家 Michael Frayn の小説 *Headlong* (1999) の紹介文.

《1》《3》《5》《9》参照.

1 **easily distracted**　「容易に気を転じられがちな」.

3 nominalism 「唯名論」.
6 blocking the draft 「隙間風をさえぎる」.
7 But 普通の意味の「しかし」でいいか. 前文との関係を考える必要あり.
9 Bruegel 16世紀のフランドルの風俗・風景画家.
9- National Gallery ロンドンにあるナショナル・ギャラリー.
11 afoot 「動き出す」.
13 seemingly guileless 「見たところ実直な」.
17 sleuthing job 「探偵まがいの仕事」.
18 thorny = difficult.
20- take a dip into 「〜を覗く」.

* * *

解 説

由緒ある月刊誌　1927年創刊のこの雑誌の執筆者には, Lionel Trilling などの著名な批評家も入っていて, 薄い宣伝誌であっても, 評価が高くて信用されていました. Hemingway: *The Sun Also Rises*, Margaret Mitchel: *Gone with the Wind*, Salinger: *The Catcher in the Rye* を最初に評価した栄光の過去もあります. 無署名の書評でも, 執筆者の責任で, 書物の内容を過不足なく正確に紹介し, 作者の手腕を公平に評価していました. もちろん, 読者を当該書を買って読もうという気持にならせなくてはなりませんから, 長所を強調し, 短所があっても, 軽く触れるというような傾向はありました. 私はこの雑誌での紹介につ

られて何冊も購入したものです．裏切られた経験はほとんどありませんでした．ここで取り上げた紹介文はとりわけ優れたものです．

英文理解と教養　　一読して分かるように，紹介されている小説は，わくわくするような話の展開があるのですが，美術品の真贋，16世紀の画家であるブリューゲル，背景となるオランダの独立戦争など美術と歴史についての知識があると作品とその紹介文の理解に役立ちます．大学入試の英文解釈問題の場合は，特殊の知識を持った受験生に有利にならないように，英語の知識だけで理解できる問題を選ぶのですが，一般の英文解釈の場合は，背景的な知識が役立つのは当然です．読解力を向上させるためにも一般教養を身につけたいものです．

　読み出して最初に疑問に思うのは easily distracted philosopher です．distracted は英和辞典に「(形容詞)気を取り乱した．気の狂った」とあるので，それを利用して「容易に気が狂う」でよいと思った人はいないでしょうね．哲学書を書くつもりだったのに，急にブリューゲル研究に夢中になったことを指しているのですから，「容易に他の事に気を取られがちな」などと訳すべきです．

隙間風を block　　nominalism は「唯名論」です．さて，blocking the draft from the chimney は「煙突からの隙間風をすっかり塞いでしまっている」と直訳すれば正解でしょうか．常識を使うと，隙間風が煙突から入って困るとい

うのは，暖炉を使っていない季節の話ですね．塞いでいるので困るのなら，軽い絵ですから，移動は簡単なはずです．だから，ここは，暖炉を使っていない季節ではあるものの，隙間風が入っては困るのでそれをさえぎるために絵を立てているのでしょう．英文解釈する時も常識は常に必須です．

but の訳し方　　But Martin discovers に行きます．ここはよく考えてほしい箇所です．前後をあまり気を使わずに要約して訳すと，「煙突からの隙間風をさえぎるのに利用している古い絵画について，地主はマーチンらの意見を求めた．しかしマーチンは，煤で汚れている1枚が名画だと気づく」となりますね．この訳文(訳 A と呼びます)についてどこかおかしいと思いますか？　とくに「しかし」です．接続詞 and は逆接で but の意味になっても，but が and の意味になるというのは聞いていないでしょうけれど，今の場合，日本語の流れとしては，「そしてマーチンは……」にすべきだと思いませんか？

　同じ原文に別の訳し方をしてみましょう．「地主は古い絵についてマーチンらの意見を求めた．その絵は煙突からの隙間風をさえぎるために利用されていた．しかしマーチンは煤に汚れた1枚が名画だと気づく」(訳 B と呼びます)．

　もうお分かりでしょう．英文では But がごく自然に軽く入っていても奇妙ではないのですね．でも訳 A だと，「しかし」はおかしいですね．英語と日本語の順序の違いから，時々このような事態が生じます．では，どう対処したらよいのでしょう．方法は2つ．1つは，訳 B のように，

日本語の順序を「しかし」が生きるようにする．これは，不自然な日本語になることもありますが，原文の流れに忠実になります．原文尊重の方針の人には向いているでしょう．もう1つの方法として，日本語の流れを邪魔する「しかし」は削除してしまってもよいのですが，せっかく接続詞があるのを考慮して「そして」などと訳します．つまり「煙突からの隙間風をさえぎるのに利用している古い絵画について，地主はマーチンらの意見を求めた．(そして)マーチンは，煤で汚れている1枚が名画だと気づく」(これを訳Cと呼びます)．

　私の好みを正直に述べますと，原文尊重，原文に忠実ということは，日本語と英語のようにすべてに隔たりが大きい言語間の翻訳の場合は忘れるのが良い，と思います．訳Aは誤訳，訳Bは不自然，訳Cがまっとうな訳だと思います．

挿入句　　8行目の or so he believes はダッシュで挟まれた挿入句ですね．挿入句については例題《5》で学びましたが，ここではどういう役目を果たしているでしょう？　マーチンの発見が正しかったのかどうか，この小説では読者は主人公の絵の真贋の探究をハラハラしながら見守るわけですから，推理小説の批評の場合に似て，書評者は真相を明かせません．「失われた名画であった」と客観的な真実として述べるのも行き過ぎかもしれません．その点，挿入句による解説ならまさに適切です．この書き方なら，読者は自分で読んで真相を知ることができます．

Soaring dreams and desperate schemes are afoot は　文法面も意味も問題ないですね．巧みな訳にしたいところです．「頭の中では夢がはちきれんばかりに飛翔し，死に物狂いの作戦が発動された」，「高まる夢と必死の計画が進行する」などいかがでしょう．次の before he figures out what he has は間違う人がいるでしょう．例えば「地主が所有する絵をマーチンが鑑定しないうちに」などの誤訳がありえます．もちろん，「地主が自分の絵の価値に気づかぬうちに」が正しいのです．figures out は「理解する，判定する」です．

fight with　　最後のほうで問題になるのは，19-20 行目の collaborated or fought with the forces of oppression　です．特に fight with に「〜と共に戦う」と「〜に対して戦う」と正反対の意味があるので，どっちかを見定めなくてはなりません．or が決め手になります．つまり，「弾圧する勢力に迎合したのか，それとも抵抗したのか」が正解です．

seriously entertained　　結論の部分では，まず take a dip ですが．これには「〜に浸る」「〜を一寸味わう」「〜を少し学ぶ」などいろいろな訳がありえます．seriously entertained はどうでしょう．entertainment の仕方は個人差が大きいものの，本書に関して言えば，「真面目な(知的な)読書で楽しむのが好み」な人向きだと述べているのです．

【訳文】 本書の主人公はマーチン・クレイと言い，専門の研究からすぐに他のことに気を奪われがちな哲学者である．唯名論に関する傑作を執筆する目的でイギリスの田園にやってきた．やがて，妻と共に土地の地主で無粋な男トニー・チャートに夕食に招かれる．地主の家では，煙突から入る隙間風をさえぎるのに数点の古い絵を用いているのだが，その絵を鑑定してくれと頼まれる．そしてマーチンは，煤に被われている絵の1枚が，何とブリューゲルの幻の名作に他ならぬと確信する．ロンドンのナショナル・ギャラリーの所蔵すべき名作であり，売れば数百万ポンドの価値があるのは言うまでもない．素朴そうに見える地主から，作品の価値に気づかれぬうちに，絵を取りあげてしまおうという計画に着手すると，マーチンの夢は途方もなくふくれあがり，大胆な策略を次々に試みるに至る．

　この本の魅力の1つは，マーチンが自分の夢をかけた名画が本物であるのを証明するために行う調査である．それは探偵顔負けの綿密な作業であり，読者は，作業の記録をたどることで，オランダの対スペイン戦争の血なまぐさい歴史や，ブリューゲルが弾圧するスペイン軍と協力したのか，それともそれと抵抗して戦ったのかという微妙な問題などに直面させられる．美術と歴史のことを少し学び，同時に知的楽しみを味わいたい読者に，ぜひ本書をおすすめする．

《15》

A California journalist, who taught writing courses to mostly white, mostly middle-class groups at an unnamed suburban community college, produces a devastating portrait of bored and unmotivated students unwilling to read or study but feeling entitled to high grades, partly because they saw themselves as consumers "buying" an education from teachers, whose job it was to deliver the product whether the students worked for it or not.

"Disengaged rudeness" was the common attitude. Students would sometimes chat loudly, sleep, talk on cell phones and even watch television during class, paying attention only when something amusing or entertaining occurred. The decline of the work ethic was institutionalized in grade inflation, "hand-holding" (the assumption that teachers would help solve students' personal problems) and watering down standards "to accommodate a generation of students who had become increasingly disengaged from anything resembling an intellectual life."

Engulfed by an amusement culture from their first days of watching "Sesame Street," the author writes, the students wanted primarily to be entertained, and in a poll he took his students said that was the No. 1 quality they wanted in a teacher. The word "fun" turned up often in student evaluations of teachers, which exerted powerful sway over a teacher's career.

—*U.S.News & World Report*

No books, please; we're students by John Leo(*U.S.News & World Report* September 16, 1996)Copyright © 1996 by U.S. News & World Report, L. P., Washington, D.C. Reprinted with permission.

《3》《9》《10》参照．3つの段落の関係をよく考える．

2- unnamed 「無名の」でよいか．

3- devastating 「痛烈な」の意味が『フェイバリット』にあるが，他動詞 devastate から考えて感じを捉えること．

5 feeling 同じ行の unwilling と共に直前の students にかかる．

5- high grades 「高い点数」だとすぐ分かれば立派．

8 deliver the product このあたり，consumers, buying と共に商取引の用語．従って「製品」は教育，成績，単位を指す．

10 "Disengaged rudeness" disengaged は「勉強から離れている」だから rudeness というより，学生を修飾している．

12- cell phones 「携帯電話」．

14 work ethic 「労働倫理」ではないので注意．

15 institutionalized in... 「〜というように慣習化されている」．

15 "hand-holding" やさしく接すること．

17 watering down 「手加減する」．

24 that 学生を楽しませることを指す．

27 sway over a teacher's career アメリカでは学生による教師の評価は，教師の再契約や給料にも影響を与えることがある．この over は sway と結んで「〜に対する(影響力)」．

*   *   *

解　説

　Time などと同じようにレベルの高いアメリカの週刊誌 *U.S.News & World Report* の記事を読みます．この雑誌も国際政治，アメリカの経済，社会，文化を幅広く扱っています．毎年，大学や大学院，病院，投資信託などのランク付けを発表し，その信頼性の高さで知られています．

3つの段落の相互関係　　学生の勉学意欲の低下は，世界中の識者を悩ませる由々しい問題です．この記事は1996年のものですが，現在もまだ改善されていないようですし，日本でもここ数年来，大きな社会問題になっています．この記事は，実際に大学で授業を担当したあるジャーナリストの報告を紹介しつつ，コメントを加え，問題の原因を推測しています．他の週刊誌の場合と同じく，きびきびした簡潔な表現が用いられています．全体を通読して，3つの段落がそれぞれ全体でどういう役割を果しているか考えて下さい．

要約としての第1段落　　第1段落はずいぶん長い一文から成り立っています．週刊誌の文としては珍しいですね．文学作品でも最近は，息の長い文は少なくなっています．こんなに長いと日本語に訳す時は，語順が違うために，目をあっちこっちに移動させなくてはなりません．でも，訳そうとせず，まずは英語の論理をたどるだけで充分だ，と考えるのであれば，比較的素直に頭に入ってくると思いま

す．むずかしい構文も，見慣れないイディオムもありません．細部の検討に入る前に，第2段落，第3段落では，この第1段落に述べられていることを，具体例を出しながら，敷衍しているのを確認しておきましょう．第2段落では現代の学生のとうてい学ぶ者とは言えぬ振る舞いを具体的に描いています．次の第3段落では，このような傾向がどのようにして生まれたのか，原因についての推測を行っています．従って，ここでも，新聞などの場合と同じく，時間のない読者は第1段落を読んだだけで，記事全体のエッセンスを知識として持ちうるような配慮がされているわけです．それだけに第1段落は日本人にとってはややむずかしいとも言えます．100%理解できなくとも，第2，第3段落を検討すれば，はっきりしなかったものが鮮明になるはずです．

教育を買う学生　　第1段落の2-3行目の unnamed というのは，どういうことでしょう．「無名の」「名のない」と解した人が多数いるでしょう．何しろ，このレポートを読むかぎりこの学生のレベルがあまりに低いようなので，そう訳したくなる気持は分かるし，辞書にはその意味もあります．だけれども，あまりにひどい内容を伝えるので，学校名を伏せているとも考えられるのではありませんか．コミュニティ・カレッジは普通2年制の短大で，アメリカの地方自治体が経営するか，補助金を出しています．通常入学試験はありません．devastating portrait は「ひどい姿」です．devastate は元来「徹底的に破壊する」という意味

なのですが，さらに「(人を)ぼうぜんとさせる」という意味にも使います．今の場合は「まさか，そんなにひどいのか，と思わせる」ということですから，この devastating は「ひどい」とか「あきれるような」の意味の形容詞として用いているのです．5-6 行目 entitled to high grades の grade は教育の場合，まず「成績」「評価」という意味なのですが，なぜかこの意味を知らない人が多いので気をつけて下さい．きっと「上級の肩書」とか「上位の資格」と考えた人がいたと思います．勉強を少しもしないのに，よい点だけもらう権利があると思うなど，常識では考えられません．そこでそんな非常識な考えの根拠は一体何か，そう不思議がる読者に，急いで because 以下で学生の側の意見を述べるわけです．自分たちは「教育を買う消費者」だ，というわけですね．つまり僅かばかりにせよ学費を支払っている，あるいは，自治体の費用は自分らの払う税金だと学生たちが考えているからでしょう．

誰の見解か　　さて 7-8 行目の whose job 以下もこの流れで考えましょう．「教師の仕事は単位を配給することであり，それを受け取るために学生が勉強しようとしまいと関係ないのであった」と，まあ直訳のようなことをしたとすると，学生の見解なのか，それとも執筆者の考えなのか，判然としませんね．コンテクストから考えて，学生の見解なのですから，それが分かるように訳す必要があります．細部を説明しておくと，product とか deliver という表現を使っているのは，consumers とか "buying" という商取

引の言葉を用いたので,その流れで「製品」を「配達する」としたのです.日本語にする場合には,意訳したほうが通じやすいようです.

"Disengaged rudeness" 第2段落に入って,最初に"Disengaged rudeness"という見慣れぬ句が出てきます.引用符でくくってあるのは,上のカリフォルニアのジャーナリストの用いた語を引用しているからでしょう.この言葉はこのままの形では辞書にありません.問題はdisengagedという語の意味と,それからこの語のrudenessとの関係です.disengagedはもちろんengaged「従事している」の反対ですから,「従事していない」,つまり授業中に先生の話を聞かず,関心も示さず,ぼおっとしたり,携帯電話をかちゃかちゃやっている状態を指します.だから「心ここにあらずというような無礼な態度」ということになりましょう.この形容詞と「無礼」という名詞の関係を,「野放図な無礼」「解放された無作法」と訳すとすれば,それはdisengagedがrudenessそのものを修飾していると考えたからでしょう.しかし,これはそうではなくて,学生がdisengagedなのですね.このような形容詞と名詞との関係はよくありますよ.sleepless pillowといった場合,コンテクストがないと正確には分かりませんが,まさか「眠れないまくら」ではないでしょう? もう1つ,a man of hairy strength は「屈強の男」というような意味です.hairyは当然manを修飾するのですけれど,形としてはstrengthの直前に置く用法です.文法学者の

中には，transferred epithet「転移形容詞」という用語を使う人もいます．

倫理低下の実態　14行目の The decline of the work ethic あたりも，すぐには分からないかもしれません．work はここでは，学生のやる気のなさが刻明に描かれていることを考えると，仕事ではなく勉強のことですよ．All work and no play makes Jack a dull boy. という諺を聞いたことがあるでしょう．これは「勉強ばかりで全く遊ばないと子供は愚鈍になる」ということですから，普通「よく遊びよく学べ」と訳しています．work を「労働」とのみ覚えている人の中には，学生のやる気のなさの故に，教員も労働意欲が減退するのだから，ここは「労働倫理の減少」でよいと考えた人もいるでしょうか．でもここでは不適当です．

　次の行の institutionalized に行きます．A is institutionalized in B は「A は B という形で制度化される」という意味になります．これが直訳というか，基本ですので，それを捉えた上で適切な訳を作るのです．grade inflation の grade は上の high grade の grade と同じです．「点数の水増し」ということ．hand-holding は「手をにぎる」から来て，「親切な援助」というような意味にも使います．watering down standards は「授業のレベルや評価の基準を引き下げること」です．anything resembling an intellectual life は「知的生活に似たどんなもの(からも無縁)」と直訳すると，知的生活そのものとは縁がある，と意地悪く

誤解されるかもしれません．こういう時は，はっきりと，「知的生活とはもちろんのこと，多少とも知的生活に似たようなものすべて(と一切無縁)」のようにしないといけません．

学生の教師評価　　第3段落では，こういう悲しい事態の原因として「何事も面白いのがよい．勉強だってそうだ」という教育論(?)に触れています．26行目の student evaluations of teachers というのは，ここ数年，日本でも行われるようになって来た「学生による教師の評価」で，アメリカではもうかなり以前からやっています．そして，これが教員の昇任，再雇用の際に影響を与えます．exerted a powerful sway over... は「～に対して強い影響力を及ぼした」ということです．career はただ「経歴」では足りません．教員の採用，不採用にも関係するのですから，ここでは思い切って「出世(を左右する)」くらいにしてもよいと思います．

【訳文】　カリフォルニアのジャーナリストが，郊外のあるコミュニティ・カレッジ(校名は伏せてある)で創作の授業を担当し，その体験を述べている．学生は大部分が白人，大部分が中産階級の者だったそうだが，著者の描く学生像はひどいものだ．本を読むとか勉強するとかいう気はなく，最初から退屈していて勉学の目的を持たず，それでいて，よい成績をもらう権利があると思っている．その理由はこうだ．学生というのは教師から教育を「購入する」お客さ

んであり，教師の仕事は客に単位を与えることであって，学生がそのために勉強したか否かは関係ない，と考えているのだそうだ．

「勉強せずに失礼だけ働く」というのが一般的な学生の態度だそうだ．学生は授業中にときどき大声で喋り，寝込み，携帯電話で話し，テレビを見ることさえある．なにか面白いことか愉快なことがあった場合にだけ，注意を向ける．勉学道徳の低下のために，成績の水増し，「手取り足取りサービス」(教師は学生の個人的な問題解決のために援助するのが当然という考え)，水準の引き下げなどが，平気で行われるようになってしまった．「知的生活はおろか，多少とも知的と言えそうな生活とはますます無縁になった新しいタイプの学生」を相手にするには，それしかないという．

最近の学生は，子供の時から「セサミ・ストリート」を見て娯楽文化に浸っているため，授業では，まず第一に楽しませて欲しいのである，と著者は述べている．著者の行ったアンケート調査でも，面白い，というのが教師に望む第一の資質であると学生が答えたという．「笑える」という語が，学生による教師の評価でしばしば顔を出した．今では学生を笑わせられるかどうかが，教師の出世に多大の影響を及ぼす事態になっている．

3
エッセイを読む

この章では少しのんびりした話を読みましょうか．イギリスの20世紀の初めには，Robert Lynd, A. A. Milne, E. V. Lucas, A. G. Gardiner などという light essay「軽い随筆」を書く作家，ジャーナリストが大勢いました．身近な出来事，人情味あふれる話などを，筆者たちがくつろいだ態度で語るという形式で，イギリス流のユーモアに富んでいます．第2次大戦前のいわゆる「古きよき時代」には幅広い層の読者に愛されていました．日本でも以前は，旧制高校や新制大学の英語の教材として必ず使われ，イギリス人のユーモア感覚のお手本のように言われていたものです．文章もほどほどのむずかしさなので，大学入試にも毎年出題されていたのです．筆者は，よく考えると非常に真面目な大切なことを述べている場合ですら，大上段に構えることはありません．ゆったりと，時には斜に構えながら，人間性の核心にせまるようなことをさらりと述べます．余裕のある語り口が大きな魅力です．こういうエッセイのおだやかな雰囲気や軽い笑いを味わうだけの余裕が，この世から失われているようなのは残念です．

《16》

Theatre-goers are continually complaining of the selfishness of those who arrive late in the stalls. The accusation is false. I know, for, being one of the most selfish of men, I always make a point of arriving at the theatre in time for purely selfish reasons. I have not the courage to endure the miseries of being late— to face the silent hatred of women whom there is no room to pass without treading on their feet and the fury of fat men whom there is scarcely room to pass at all. If I have to choose between disturbing other people and being disturbed myself, I prefer—for purely selfish reasons—being disturbed myself. For, since I am naturally unpunctual, I can make allowances for the latecomers and understand what they are suffering. Some of them, I tell myself, have been held up in traffic blocks. Others have been kept fuming in the hall, while their wives and daughters were held prisoners upstairs by their mirrors. Every man who has ever been late knows that there are twenty good reasons for being late, whereas there is only one good reason for being punctual—self-love.

—Robert Lynd

《5》《9》《10》参照.

2 **stalls** 劇場のやや料金の高い客席のこと.
3 **I know** 目的語がない. 4行目のI always 以下を目的としてはいけない.
7 **to face** to endure と同格としても, miseries の1例として

9 **fury** 7行目の face の目的語.
13 **make allowances for** 「大目に見る」.
16 **fuming** fume = to be angry and restless「むっとする」.
17- **held prisoners** He was held prisoner in Nazi Germany. のような深刻な場合だけでなく，このような時にも用いる．
18 **upstairs** 英米の住居では，私室は2階にあるのを知る必要がある．
18- **Every man...knows...** うまい対比の表現．

* * *

解 説

ユーモア感覚 さて前述のエッセイストの中から，まず Lynd (1879-1949) を選びました．課題文は 'The Vice of Punctuality' (*Searchlights and Nightingales*, Dent, 1939) です．観劇の時に客席に遅れて来る人についての話であるのはすぐ分かりますね．読者の中には時間を守る人もいれば，いつも遅れがちの人もいるでしょう．事実，英米人はラテン系の人たちより時間を守るようですが，Lynd はこのエッセイではやや角度を変えて事態を見ています．2-3行目ではっきりと，遅れるのは身勝手だという非難は絶対に誤りだ，と断定していますからね．劇場の開幕，開演時間にちゃんと間に合うのが virtue「美徳」であるのは分かっているけれど，別の視点から眺めると vice「悪徳」かもしれないというのです．正面から論じれば分かりきった結論になるので，敢えて裏から，斜めから論じる．対象に肉薄

せずに，やや距離を置いてみると，人間性についての意外な真実が見えてくるかもしれない．それを面白がるのです．イギリス人のユーモア感覚とはそういうものなのでしょう．筆者は話を面白くするために，多少の誇張を行っているのに注目して下さい．

断定的な簡潔表現　第1文は現在進行形です．といっても今進行中というのではないのです．これについては『英文法解説』に，「動作がしばしば繰り返されることを強調する．話者の非難・困惑・賞賛などの感情的色彩が加わることが多い」とあり，You're always finding fault with me.「君はいつもぼくのあら探しばかりしているね〔いやになるよ〕」と記されています．ここもその通りです．stalls というのは英和辞典には「特別席」と訳されていますが，日本流に言えばS，Aくらいまでのやや料金の高い「客席」のことです．The accusation is false. という短文によって断定が強調されています．世間の常識と違う主張をした時には，その理由，根拠を述べる義務があるわけで，次の文章はそういう内容なのですが，冒頭にあるべき理由を示す接続詞が省略されているわけですね．I know とありますが，これは，理由を細く述べるのは後にして，「だって絶対にそうなのだから」と主張しているのです．know というのは「知ってる」でもいいかもしれませんが，一般に次のような使い方をしますので注目して欲しいと思います．

knowの用法　　例えばthat Mary is a kind girlという節の前に「思う」に相当する英語の動詞を入れてみるとしましょう．thinkを中心としてbelieve, knowの順に強くなり，suppose, guess, imagine, fancyの順に弱くなっていきます．従ってI know that Mary is a kind girl. とknowを用いれば，「メアリが親切な娘であるのは，絶対に確かだ」というような日本語になります．課題文の場合も「知ってる」より「堅く信じる」としたほうが通りがよいでしょう．forはI knowの前でなく後に来ているのに注意しましょう．つまり前の文の説明として，I knowの前にもForがあってもよいのですけれど，先ほど触れたように，これは省略されているのです．ここのforは，従って，knowの理由，根拠を説明しているのです．make a point of... という句は「必ず～するように心掛ける」ということで，会話などでもよく使います．to face以下の具体的な困惑ぶりの描写は，先に述べたように，多少オーバーだと思いますが，場景が目に浮かぶようです．すでにすわっている男女両方の客の前を通らねばならないのですが，womenには形容詞がないのに，menにはfatがついています．足を踏みそうになって，ようやく前を通るというのですから，本当はでっぷりしたwomenたちでしょうに，そう言わないのは女性への敬意を忘れぬ紳士としての嗜みのせいでしょう．light essayの筆者たちは，少し変わった視点から描くといっても，極端に走らず，たいていは節度を守っています．

別の角度から　　10 行目の If I have to... から後半になります．遅れる人と遅れない人と，一体どっちが身勝手であるかという議論を発展させ，selfish なのは，むしろ時間を守る人なりという結論に至るのです．自分を引き合いに出して，自分は美徳として時間を守っているのではない ── 逆に自分が可愛いのでそうしているだけだ，と述べています．この自分を出すというのもこういうエッセイの特色で，読者に親近感を与えます．make allowances for は「大目に見る」「見て見ぬふりをする」などと訳せます．I tell myself を考えましょう．「自分に言い聞かせる」のは，どういう場面でのことなのでしょうか．「交通渋滞に巻き込まれた人もいるのだ」と自分に言い聞かせるのは，遅れた人によって，定刻に来ている自分が迷惑を受けた時ですね．腹が立ちそうになるのを抑えて，遅れた人に代わって弁解をするというわけです．次の 16 行目，Others の場合も，やはりいろいろな弁解を想定して，迷惑を大目に見るというのですね．

個人の家か劇場か　　Others の遅れた事情は分かるでしょうか．hall とか fuming とか upstairs とかが具体的にどういうことか，見当がつくでしょうか．そのためにはイギリスの家の構造についての知識が必要になります．まず hall ですが，theatre のホールかロビーと考えた人もいましょう．「劇場入り口のロビーでいらいらさせられていた人もいた．妻や娘は階上のトイレでお化粧に余念がなかった」のように解した人は，劇場に一緒に着いたまではよかった

けれど，それから婦人たちは階上にお化粧直しに行ってぐずぐずしている，と考えたのでしょう．しかし，そうではありません．劇場の化粧室(トイレ兼用)は普通1階か地下にあります．それに，were held prisoners という表現で，かなり長時間お化粧していることを暗示しているので，化粧直しとは違うと思います．従って，ここの upstairs は個人の家の2階のことであり，hall も玄関ホールのことです．

エッセイ鑑賞の資格　さて，最後の一文は結論です．twenty に対して only one と対比させて，時間厳守は自己愛であって，他者への思いやりという virtue ではないと判断しています．実は私は時間厳守のほうなのですが，これを読んで，思い当たることがあり苦笑しました．しかしこのエッセイで笑った人は，自分が遅れた場合，他人への迷惑を恐縮に思う人でなければなりません．先日，田辺聖子のエッセイを読んでいたら，宝塚劇場で，遅れてきた3名の若い娘たちが「失礼します」も言わずに，「膝と前の席の背もたれの間を，ぐいぐい，無言で割りこんできた」と記しています．こういう娘さんには，このエッセイは少しも面白くないでしょう．一定の礼節の守られている社会でしか鑑賞されえないのが，このようなエッセイの宿命なのでしょうか．

【訳文】 芝居によく行く者たちは、客席に遅れてくる連中は、本当に身勝手だとよくこぼしている。だが、この非難は誤りだ。絶対に誤りだと確信する。というのも、私自身この上なく身勝手な人間であればこそ、完全に身勝手な理由から、劇場には必ず時間厳守で着くようにしているからである。つまり、遅れて行ったために生じる不都合な事態に耐える勇気がないのだ。足を踏みつけずには前を通り抜けられぬ女性たちの無言の憎悪とかほとんど通り抜ける余地のない太った男性たちの怒りとか、とてもかなわない。他人に迷惑を掛けるのと、自分が迷惑をこうむるのと、どちらか選ばねばならぬとしたら、ただただ身勝手な理由によって、自分が迷惑をこうむるほうを選ぶ。というのも、私は本来時間にだらしない人間なので、遅れる者を大目に見られるし、連中のつらい気持が分かるからだ。交通渋滞にひっかかった人もいるだろう。あるいは、妻と娘がお化粧に余念がなくて一向に階下に降りてこないため、玄関でいらいら待っていて遅れた人もいるだろう、などと同情するのである。遅れた経験のある人なら誰でも分かるように、遅れたことに対しては納得できる理由がたくさんあるのだけれど、時間を守ったことの理由はたったひとつ、つまり、自分が可愛いということだけなのだ。

⟪17⟫

　It seems to me that it is very rare to find people who do not take a certain pleasure in their work, and even secretly congratulate themselves on doing it with a certain style and efficiency. To find a person who has not some species of pride of this nature is very rare. Other people may not share our opinion of our own work. But even in the case of those whose work is most open to criticism, it is almost invariable to find that they resent criticism, and are very ready to appropriate praise. I remember that, when I was a schoolmaster, one of my colleagues was a perfect byword for the disorder and noise that prevailed in his form. I happened once to hold a conversation with him on disciplinary difficulties, thinking that he might have the relief of confiding his troubles to a sympathetic friend. What was my amazement when I discovered that his view of the situation was, that every one was confronted with the same difficulties as himself, and that he obviously believed that he was rather more successful than most of us in dealing with them tactfully and strictly.　　　　　　—A. C. Benson

⟪1⟫⟪9⟫参照.

3 **even**　「でさえ」でよいのだが，前後とよく通じるように訳せるかどうか.

3 **congratulate themselves on**　I congratulated myself on passing the exam.「試験に合格して喜んだ」を参照. なお2行目の do not がここにも及ぶのに注意のこと.

- **8 work is most open to criticism**　この work は仕事の種類か,それとも仕事ぶりか,どちらかをよく考えてみる.7行目の work も同じ.open to criticism「批判されている」.
- **8 invariable**　辞書の訳語のみでは分かりにくいが,invariably = always だと知れば,見当がつくはず.
- **11- byword**　cf. Tom is a byword for laziness.「トムは怠け者の典型だ」.
- **13 form**　= a class in a British school.
- **16 What was...**　ずいぶん息の長い一文.that が4つもあるが,19行目の最初の that も discovered の目的だと分かれば骨組はつかめる.
- **20 them**　何を指すか分かりにくいが,近くにある複数形の名詞はどこかと探せば18行目にしかない.

*　　　*　　　*

解　説

　Lynd や Milne より少し世代が上の A. C. Benson (1862-1925) のエッセイ 'The Pleasures of Work' (*The Thread of Gold*, John Murray, 1905) を読んでみます.Benson は Cambridge 大学の学寮長を務めたこともある学者兼作家で,light essay にも筆をふるいました.Lynd より真面目な,しかし,それなりのユーモアのある文章だと思います.さっと読んでみて下さい.人間というものはなかなか正確に自分自身を見られないものだ,という話ですね.他人のことは見えるのに,自分となるとよく見えないという話はよく聞きますが,Benson の昔の同僚のエピソードは,そ

んなものかと驚くと同時に,自分が見えないからこそ生きていけるのではないか,と思ってしまいます.振り返って自分や,自分の周囲の人のことを考え,思い当たるところ,ぎょっとするところがあるように私は思いました.

訳文を読み直す　　1回目は,細部にとらわれず,全体として何を言っているのかを捉えながら読んでみて下さい.たいていの人は仕事に喜びを見出しているし,自分は巧みにやっているとうぬぼれている人さえいる,と分かれば結構です.rare とか not など否定の語が重なると,大意が分からなくなることがありますからね.文字通り一語一語たどってゆくと「自分の仕事にある種の喜びを見出さず,一方,自分はきちっと能率的に仕事をしていることを心ひそかに喜んでさえいる人を見つけるのはとても稀であるように思える」というようなことになりませんか.この訳は do not が congratulate にもかかっているのを見落としているので,ますます奇妙な訳文になるのですけれど,日本の大学の訳読の授業などでは,このように訳すのを原文と照らし合わせて聞いていると,それで正しい,と思いかねません.こういう誤りを避けるには,原文から一度離れて,自分の作った訳文を日本語として理解できるか否かを調べてみることです.それによって変だぞ,と気づくでしょうから.

否定文での even　　ところが,ここは do not が2つの動詞にかかると正しく取っても,even があるために誤るこ

とがあります．「自分の仕事に喜びを抱かず，仕事を立派に効率よくやっていると秘かにうぬぼれてさえいないような人に会うことは，非常に稀である」という文はどうでしょうか．直訳としては合っているでしょう．でもどこか奇妙ですね．これと同じ奇妙さを理解するために「その仕事の出来栄えを普通程度と思わず，すぐれているとさえ思わない人に出会うのは稀だ」という日本語訳を検討してみて下さい．分かるでしょうか，「普通程度」と「すぐれている」がずれているのですね．ではどう処理すればよいか．例えば「自分の仕事の出来栄えを中程度だと思う人は多いし，中にはすぐれているとさえ思う人もいる．そのように思わない人に出会うのは稀だ」とすればいいでしょう．同じように，この箇所もやってみて下さい．

「仕事」と「仕事ぶり」の差　　Other people may not share our opinion of our own work. はどうでしょう．「自分の仕事ぶりについてのわれわれの見解を，他人は分かちもってくれないかもしれない」という直訳までできればよいでしょう．今直訳と述べましたが，単なる直訳ではないのに気づきましたか．翻訳機械ではまずこのように訳すことはできないと思われます．どこが問題でしょうか．「仕事ぶり」です．これを文字通りに「仕事」とすると，例えば，高利貸しという仕事をしていたとしますと，自分としては，世の人のための立派な仕事と自負していても，そう思ってくれない人も存在するかもしれない，というような意味になりますからね．ここでは職種は問題ではありませ

ん，はっきり区別して欲しいところです．実は，次の文のwork にも，このような理解が必要です．whose work is most open to criticism を「批判の目にもっともさらされるような仕事」と考えると，さて，どういう仕事がそれに当たるかと考えてしまいます．税務署の役人，警察官，教師などでしょうか．「仕事ぶり」という訳語を載せている英和辞典はなさそうですけれど，コンテクストから言って，ここでは「仕事」も「作品」も使えません．

open to というのは，*LDCE* の定義を引用すると，not safe from とあり，His truthfulness is open to question.「彼が本当に正直かどうか疑問だ」や That statement is open to being misinterpreted.「その意見は誤解される余地がある」の好例が挙げられています．課題文中の criticism は「批評」でなく「批判」ですね．

英英辞典も活用する　　8行目の almost invariable は invariable が英和辞典に「不変の」とあるためか，「～するのはほとんど変わりがない」とか「～は不変の真理に近い」とする人が多いのではないでしょうか．invariably は always と同じ使い方だと *LDCE* や『フェイバリット』に説明されているのですから，これを活用して下さい．英和辞典に並べてある訳語の中から，コンテクストに合致するものを選べれば，それでよいのですけれど，ぴったりのものがなければ，自分の頭で考えて創造するくせもつけて欲しいと思います．それはこの本で何度も述べた通りです．「～というのが人の常といってもよい」などと工夫すると

よいと思います．次の appropriate も，「(自分に権利もないのに)流用する，私物化する」という説明を自分で加工するとよいのです．その際，英和だけでなく英英辞典，例えば *LDCE* の take for oneself or for one's own use, esp. without permission という説明なども合わせて勉強すると，よい訳が浮かぶこともあります．訳文の「(ほめられれば)平気でそれにとびつく」は1例に過ぎません．「当然とする」でもよいでしょう．

筆者の体験談　　10行目 I remember からが後半で，筆者の個人的な体験が語られています．こういうのが light essay の特色の1つです．form に「組，級」の意味があるのを知らない人もいるかもしれません．イギリス英語ですし，特に public school で用いているのです．なお，アメリカなら grade を用います．What was my amazement 以下，長い文章なので，question mark でなく period で終わっていますが，本来は疑問文なのですから疑問符が欲しいところです．「〜の時の私の驚きは，いかばかりだっただろうか」となるわけです．amazement は great surprise or disbelief ですから，「まさか」という感じを出すとよいと思います．19行目の that が 16-17 行目の discovered that の that と同格であるのを間違わないで下さい．また 20 行目の them は，difficulties を受けています．

【訳文】　たいていの人は自分のやっている仕事にある程度喜びを見出しているものであり，中には，かっこうよく能率的に仕事をやっていると心ひそかにうぬぼれている者さえいる．この種の自負心を何かしら持っていない人はめったにいないものだ．自分ではうぬぼれていても，他人の目はもっときびしいかも知れない．それなのに，仕事ぶりが後ろ指を指されても当然というような人の場合でも，批判されると腹を立て，ほめられれば平気でそれにとびつくのが人の常である．今思い出すのだが，教師をやっていた昔，同僚の中に，その担当クラスに充満している騒音と混乱状態の故に物笑いの種になっている者がいた．生徒のしつけのむずかしさについてこの男と話し合ったことが一度ある．悩みを親切な同僚に打ち明ければ，彼もきっと気が晴れるだろうと私は考えたのだった．ところが，クラスの現状についての彼の考えを知って，私は開いた口がふさがらなかった．まず第一に，他の教師もみな彼と同じような困難に直面していると考えているようだったし，それから，問題の対処において彼自身は巧みに，しかも厳格に行っているから，同僚たちよりもむしろ成功していると明らかに信じこんでいたのだ．

─《18》─

Everyone has heard people quarrelling. They say things like this: "That's my seat; I was here first."—"Come on, you promised." People say things like that every day, educated people as well as uneducated, and children as well as grown-ups.

Now what interests me about all these remarks is that the man who makes them isn't just saying that the other man's behaviour doesn't happen to please him. He is appealing to some kind of standard of behaviour which he expects the other man to know about. And the other man very seldom replies, "To hell with your standard." Nearly always he tries to make out that what he has been doing doesn't really go against the standard, or that if it does, there is some special excuse. He pretends that something has turned up which lets him off keeping his promise. It looks very much as if both parties had in mind some kind of Law or Rule of fair play or decent behaviour or morality or whatever you like to call it, about which they really agreed. And they have. If they hadn't, they might, of course, fight like animals, but they couldn't *quarrel* in the human sense of the word.

—C. S. Lewis

《1》《2》《3》《4》参照.

3 you promised これは約束を守らなかった人への抗議.
6 Now 「今」と解する人はいないはず.
9 appealing to... 「～に訴える」.

10 expects コンテクストを考えずに機械的に「期待する」と訳してはいけない.
12 your 機械的に「お前の」としてよいだろうか. 全文の趣旨から考えて「お前の」では変だ,と気づけばよい.
13 make out = claim cf. She makes out she is the only person here who does any work. この例でも分かるように,誤った主張の場合に使うことが多い.
14 if it does この does は goes against the standard のこと.
15 pretends 「ふりをする」でよいだろうか.
16 lets him off = excuses him from.
17 both parties まさか「パーティ」ではない.
20 they have 後に補うのは何か.
20 hadn't ここは過去完了形を作る.
21- fight...*quarrel* 「とっくみ合い」と「口げんか」の差.

*　　　*　　　*

解 説

自伝 *Surprised by Joy* の映画化で評判となったイギリスの学者, 批評家 C. S. Lewis (1898-1963) の評論 *The Case for Christianity* (Macmillan, 1944) からの文章. 『ナルニア国物語』という少年少女向きの幻想小説も有名です. 内容は誰もが身近に経験していることを巧みに分析したもので, とくにむずかしい箇所もないようです. でも少し細かく検討してみるときちんと読めていないのに気づくかもしれません. とくに 12 行目の your standard を文字通りに「お前の基準」だと考えた人はいませんか？ 再三言っている

ように，よく知っているつもりの単語でもコンテクスト次第でその都度意味や使い方が変わっているかもしれないのです．

口げんかの例　冒頭から読んでゆくと，口げんかの例が2つありますね．この2つはお互いに言い合いをしている言葉でしょうか．例えば，「私の席だ．早く来てたもの」「何言ってるのよ．席取っておくって約束したじゃないのよ」というような言い合いにしてよいかどうか．これは誤りです．というのは，第2段落の冒頭で，2つとも抗議の発言だという趣旨のことが記されているからです．Come on はどうでしょう．「さあ急ごう．そう約束していたじゃないの」と解してはいけませんか．こう訳して正しいという可能性も少しはありましょう．でも，やはり第2段落の冒頭を考え，かつ come on に you know what you just said is not right (*LDCE*) の意味のあるのを考えると，約束違反をなじった言葉と取るほうが妥当です．

expect は「期待する」ではない　第2段落に入ると，まず7行目の isn't just saying ですが，この just は only と同じです．すぐ分かったでしょうか．just はごく軽い意味のこともあるけれど，ここでは重要です．次の He is appealing to some kind of standard of behaviour which he expects the other man to know about. の appealing to はどうでしょう．アピールは日本語になっているので，かえって注意が必要です．ここを「行動の基準を訴えている」

と考えた人はいませんか．念のために辞書にあたって下さい．正しくは「〜に訴えかける」ですね．次の expects のところは，実は意外と誤解しやすいのです．expect の意味は，と問われたらコンテクストに関係なく「期待する」と多くの人が答えるのではありませんか．教師としての私の経験では，非常に多くの日本の学生が「期待する」という意味だけで事足りると思っているようです．例えば，「病人はまもなく亡くなると予想されます」と訳すべき場合に，「亡くなると期待します」と平気で訳す学生がいるのです．中学校で expect に初めて出会った時に習った例文に，「期待する」という意味のものが多いからなのでしょうが，コンテクスト次第で意味が変わるのに慣れて欲しいと思います．ここでも，「相手に知ってもらいたい行動基準」というように考えかねません．しかし，「知ってもらいたい」というのは，相手が知らない可能性を考えているわけです．もしそうであるなら，まず，あるべき行動の基準がどういうものかを教えることから始めねばならないことになります．しかしここは appealing to some kind of standard...，つまり共通の基準をもっているはずの相手に対してそれに訴えかけるということです．基準を知らぬ相手，基準の違う相手に訴えかけてみても，無駄になります．結論として，ここの standard は「当然知っていると思われる基準」としなくてはいけません．コンテクストから言っても，数行下に万人共有の基準が存在するという事情のことが述べられています．さらに言えば，この文全体で筆者が主張しているのも，動物と違い人間には全員が正しい

と認識している基準が存在する，ということですから，細部であっても，全体の趣旨と合致するように考え，訳すべきなのです．

your standard とは　　いよいよ "To hell with your standard." に注目してみましょう．じっくり慎重に考えずに訳せば，「お前の基準なんか，くそくらえだ！」となると思いますが，どうでしょう．これは，全文の趣旨に合った訳でしょうか．ここで非難している者は，自分独自の行動規範を持ち出して，それに照らして相手を裁いているのではないでしょう．仮にそうしているとすれば，「お前の基準こそ！」と反撃されるのは当然です．非難された側は，反論のために文句を言うけれど，基準そのものまで否定することはまずしない，というのが，ここに述べられている趣旨ですね．このように考えると，your は「お前の」ではない，何か別の意味であると結論せざるをえません．(p. 20 のコラム参照．) ここで，〈知ってるつもりの単語でもコンテクストに合致しなそうなら辞書を引いて考えよ〉という原則に従ってみましょう．『フェイバリット』には「いわゆる，例の(軽蔑や非難などを含むこともある)」とあります．これがぴったりです．このように辞書に手を伸ばすのも結構ですけれど，コンテクストを正しく読めば「お前の基準」のはずがないと気づいて欲しいのです．辞書に手を伸ばしたのも，「お前の」では変だぞ，と疑ったからだというのでしたら，それは望ましい態度と言えます．

pretend は「主張する」　　12 行目の Nearly always 以下では make out と go against というイディオムを知る必要があります．前者はいくつも意味があるのですけれど，ここでは「(しばしば事実に反して)～と主張する」です．後者は「～に反する」です．if it does = even if it goes against the standard であるのは，もちろん見当がつきますね．He pretends については，念のために「ふりをする」しか思い浮かばない人のために「～だと言い張る」なのだと記しておきましょうか．lets him off が「(～の義務などから)放免する」であるのも確認しておきましょう．例文としては，I let him off doing his homework, because he was ill in bed.「彼は病気で寝ているので宿題を免除してやった」などがあります．

有機的なつながり　　ここで気づいて欲しいと思うのは，special excuse は 2 行目の my seat についての抗議に，something has turned up は 3 行目の you promised 云々の抗議に対してそれぞれ反論するものだということです．英文はこのように有機的な対応関係への気配りがしっかりしているのは覚えておくとよいでしょう．

　It looks...as if 以下では，語と語の関係，例えば，Law or Rule of の of がどこまでかかっているのかを判断しなくてはなりません．「両方の当事者は，それを何と呼ぶにしても，彼らが本当に賛成しているフェアプレーのある種の法則または規則，またはまっとうな態度または道徳を心の中に持っているかのようだ」と訳したらどうでしょうか．

of を fair play までかかると誤解していますね．正しくは whatever you call it までです．つまり fair play, decent behaviour, morality, whatever you call it の 4 つが同格で，すべてが前の some kind of Law or Rule にかかってゆくわけですね．whatever you like to call it は，「他の名前で表現してもいいがそういう種類のもの」ということで，この you も先ほどの your と同じで(ただし軽蔑のニュアンスはない)一般的な人を指しているのですから「あなた」ではありません．なお，some kind of Law or Rule は上の some kind of standard of behaviour を言い換えたもので，同じものです．もちろん気づいたと思います．

省略を補う　　20 行目 And they have. は次に何が省略されているか，すぐ見当がつきますか．《4》を参照しましょう．Law or Rule が have の目的語です．前文の as if をうけて，「外見上～のように見えるし，実際にも～なのである」と述べています．類似の表現としては，It looks as if Tom were a poor boy. And he really is. などが挙げられます．fight は殴り合いのけんかで，quarrel は口げんかです．私は fight like animals の前に of course が挿入されているのに興味を引かれました．自己中心的な人間に対する筆者の少し距離を置いて観察している冷静あるいは皮肉な目を感じるからです．

【訳文】 人びとが口論しているのを聞いた経験は誰にもあると思う．例えばこんな風なことを言っている．「そこはわたしの席だわ，わたしが先に来たんだから」とか，「なに言ってるのよ！　約束は守りなさいよ」とかと．人びとはこんなことを毎日口にしている．無教養な者も教養のある者も，大人も子供も口にしている．

　ところで，こういう発言すべてで私が面白いと思うのは，発言者は，相手の振る舞いがどうも気に入らないとのみ言っているのではない点だ．相手も当然心得ているはずの行動規範のようなものに訴えかけている．そうして批判された方も，「ふん，規範がなんだ．そんなもの犬にでも食われろ！」とはまず言わない．自分の振る舞いは本来規範に反したりしていないと釈明しようとするか，あるいは，たとえ反したとしても，特別の事情があったからだと弁解する．例えば，約束を守れなくても仕方がないような出来事が生じたという態度を取る．こうしてみると，批判する側もされる側も，フェアプレーとかまともな振る舞いとか道義とか，どう呼んでもいいが，そういうものに関して，「慣例」とか「規則」とかを念頭に置いているらしく思える．しかも両者間で合意を得ているらしい．事実その通りなのだ．もし合意が得られていないのなら，もちろん動物並みに腕力を用いるけんかはするだろうけれど，人間ならではの口げんかはできないであろう．

4
評論を読む

　評論ということで，前章の light essay よりは理屈っぽい文章が用いられているという印象を受けるかもしれません．経済，歴史，物理，社会など論じられている分野に応じて，いわゆる専門用語が用いられているかもしれません．しかし日本語と較べると，英語は日常語と専門語の区別は僅かです．これはドイツ語の話になりますが，日本の哲学者がドイツに初めて留学した時，町を歩いていて最初に目にした看板に「Raum 有り」とあったので，さすがカントの国だと感心したそうです．しかしこれは「空き部屋有り」というだけのことであったのに，哲学者は「宇宙空間有り」と思い込んだのです．英語でも事情は似たようなものです．だから，評論で扱われている分野についてある程度の知識は必要ですけれど，用語という点では，あまり恐れる必要はありません．アメリカの歴史学者 Kennedy のムガール帝国論，アメリカの古典学者 Highet のプロスポーツ批判，博識なイギリスの作家 Huxley の天才論の3つを読みます．

《19》

The brilliant courts of the Mogul Empire were centers of conspicuous consumption on a scale which the Sun King at Versailles might have thought excessive. Thousands of servants and hangers-on, extravagant clothes and jewels and harems and menageries, vast arrays of bodyguards, could be paid for only by the creation of a systematic plunder machine. Tax collectors, required to provide fixed sums for their masters, preyed mercilessly upon peasant and merchant alike; whatever the state of the harvest or trade, the money had to come in. There being no constitutional or other checks upon such depredations, it was not surprising that taxation was known as "eating." For this colossal annual tribute, the population received next to nothing. There was little improvement in communications, and no machinery for assistance in the event of famine, flood, and plague—which were, of course, fairly regular occurrences. All this makes the Ming dynasty appear benign, almost progressive, by comparison. Technically, the Mogul Empire was to decline because it became increasingly difficult to maintain itself against the Marathas in the south, the Afghanis in the north, and, finally, the East India Company. In reality, the causes of its decay were much more internal than external.

—Paul Kennedy

《1》《7》参照.

1 **Mogul Empire**　「ムガール帝国」.

2 conspicuous consumption 「誇示的消費」. 辞書の見出し語となっている.
3 Sun King at Versailles ヴェルサイユ宮殿の太陽王とはルイ14世(1643-1715)を指す.
5 menageries 入手困難の珍しい動物たちで, やはり権勢と財力を誇示するためのもの.
7 plunder machine この場合の machine は機構.
11 constitutional 知っているからと言ってすぐ「憲法上の」と考えないように. この時代憲法などない. せいぜい「法規上の」.
13 "eating" 「食いあらす」という意味がある. やや特殊なので引用符がある.
13 For in exchange for と同じ.
16 in the event of 「の場合に」.
17 of course 執筆者のどういう気持がこの語にこめられているだろうか?
18 Ming dynasty 「明王朝」. 前に even を補ってみるとよい.
20 Technically 「歴史学上の解釈によると」.
20 was to 運命を表す.
22 Marathas 「マラータ族」.
22 Afghanis 「アフガン族」.

*　　　*　　　*

解　説

世界史の常識　この課題文は Paul Kennedy (1945-) の話題になった大著 *The Rise and Fall of the Great Powers* (Random House, 1987) から取りました. ここはインドの

ムガール帝国 (1526-1858) のことを述べた箇所です．この歴史書の題名からも分かるように，他の国家や文明との比較が行われていまして，世界史についての常識は持っていたほうが，理解に役立ちます．英文の正しい理解に大切な"コンテクスト"には常識も含まれています．一読して，ムガール帝国の宮廷における極端に派手な消費が帝国の崩壊につながったという記述であるのは，分かりましょう．他国との比較が具体的に行われ，冒頭の conspicuous consumption の裏付けがされています．実はこの句は，*LDCE* のような，ごく普通の辞書でも，wasteful spending intended to attract attention and show one's wealth and high social position と出ているのです．独立した見出し語になっています．経済用語としては「誇示的消費」となっているようですが必ずしも定訳ではないかもしれません．少なくとも今はこれにとらわれなくても結構です．

only の扱い　贅沢の実例の中で menageries を「ペット」と考えた人もあるかもしれませんが，犬，猫，鳥などではなく，もっと珍しい，飼いならされていないライオンなどの動物のことで，それらを財産として誇示するのです．bodyguards は日本語になっているからと気軽に「ボディーガード」としてよいでしょうか．現代語のボディーガードというのは，特定の要人１人にせいぜい数名つくものでしょう．この場合のように vast arrays という語と結びつきません．これは「近衛隊」に当たるものだと思います．6-7 行目の only by the creation of systematic plunder machine に行きます．ここを「体系的な略奪機構を作り上げるだけで，（まかなえた）」としたらどうでしょうか．英語の字面をたどればこのようになります．この訳だと，それだけやればよいのか，簡単だ，という印象を与えてしまいます．しかし，他の国でも例を見ない極端な消費だという前提があるのです．さらに後半で略奪の実施のむずかしさが述べられています．従って，簡単だという印象を与えるような訳文は不適当です．「～して初めて，ようやく，可能になった」つまり，「無理をしてかろうじて可能になった」というのであれば，可能といっても一時的なものであったという感じを伝えうるのです．only の訳し方，用いられ方は，案外面倒なので，気をつけて欲しいと思います．ただ，多くの英文に慣れてくると，一種の勘が働いて，ここでくどくど述べたように頭を働かせなくても，すぐ分かるようになりますので，多読して勘を養って下さい．

peasant and merchant に冠詞もついてないし，複数形でもないのが気になった人もいるでしょう．しかし誤植ではありません．このように対句となっているものは，無冠詞にします．他に We worked day and night without stopping. また They are not legally married, but are living as husband and wife. など．

"eating" とは　　11-12 行目 constitutional or other checks の constitutional は「憲法上の」でよいと思いますか？ムガール帝国には「憲法」があったのでしょうか．そもそも「憲法」は近代国家が成立してからの概念ではないでし

ょうか．「合法上」とか「法的な」としたらよいでしょう．またchecksは「チェック」とか「点検」では，ここでは弱すぎますよ．「防止」や「抑制」とすべきです．13行目taxation was known as "eating" というのは，「租税を宮廷人たちは『食うために必要なもの』と見なしていた」ということか，それとも，「租税を民衆は『自分たちを食いものにするもの』と考えていた」ということか，この2つの中で，どちらが正しいでしょうか．コンテクストから判断して下さい．後者です．eat には，「人や物を食いものにする，食いあらす」という意味があります．それにknown as というのは，「世間一般に」ということで，ここでは「課税される側の間で」ということです．For this の for の意味は？「～と交換に，～と引き換えに」ということです．簡単な用例としては，A salesman receives a commission for each sale. や I paid 15 dollars for the book. など．for を「～の故に」と取った人はいなかったでしょうね．……いや，きっといたと思います．どちらがよいか訳文をよく見て較べて下さい．

of course に読みとれる批判　　15行目の There was 以下の文が，直前の received next to nothing の中身を具体的に説明しているのだというのは，よく見えていますか．前の文と次の文との関係を考える習慣はもう身についていますね．communications を「意思の疎通」とか「為政者と大衆との間の交流」とする，今風の考え方に基づく訳はいかがなものでしょうか．ムガール帝国では人権，民意の尊

重などまったく顧みられなかったのです．「通信や交通網」とすべきです．of course はもちろん「もちろん」でよいのですけれど，この副詞をここに挿入した筆者の心を考えてみると，famine, flood, plague のいずれも，防止する手段を何ひとつ講じないのだから，ひんぱんに起こるのは当然なのだという，為政者への怒りというか，呆れたというような批判がうかがわれます．客観的，冷静であるべき歴史学者の記述でも，人間である以上当然主観的な感情が描写に出ます．ここまで読むと文体の味読になりますね．

重点の置き方　18 行目，All this 以下でまた他の国との比較になります．「こういうすべてのことが，明王朝を比較的慈悲深く，ほとんど進歩的に思わせる」とまでは誰でも訳せるでしょうけれど，そこで留まっていいかどうか．議論の重点をムガール帝国において考えるべきではないでしょうか．「こういうことの故に，あの明王朝でさえ〜に見えてくる」ということではありませんか．冒頭の太陽王の贅沢ぶりも，明王朝の圧政ぶりも，ある程度まで読者が常識として知っているという前提で筆者は比較を行っているのです．「ジョンはトムに似ている」という発言も，聞き手がトムを知らなければ，話はかえって通じにくくなりますね．それと同じです．Technically 以下が結論になります．この Technically は次の In reality と対比して考えねばなりません．「技術的には」では何のことだか分かりません．「専門的な通説では」ならこの場に合致しています．in reality と正反対というのですから「表面的，外面

上」もよいでしょう．

【訳文】　ムガール帝国のきらびやかな宮廷は，ヴェルサイユ宮殿の太陽王でさえ行き過ぎだと思ったかもしれないような規模で，派手に消費の行われる中枢だった．何千もの召使い，食客，華美な衣裳と宝石，後宮の女，珍しい動物，大勢の護衛兵——これらの費用は組織的な略奪機構を作り上げることによって初めてまかないえたのである．君主のために定められた金額を提供するように命じられた収税吏は，農民からも商人からも容赦なく金を巻き上げた．作柄や商いの具合がどうであれ，一定額を納入させたのである．このような収奪に対して，制度上，あるいはその他の面からの歯止めがなかったので，租税が人びとを「食いあらす」ものだと称されたのは無理もなかった．この巨額の年貢の見返りとして一般民衆の得るものは，無に等しかった．通信，交通面の改善はほとんどないし，飢饉，洪水，疫病——こういうことは，むろん，かなりしばしば起こったのだが——の際の救援組織など，まったく存在しなかった．このようなことのために，比較してみると，あの明王朝ですら温情的に，進歩的にさえ見えてくる．歴史学上，ムガール帝国衰退の原因は，南のマラータ族，北のアフガン族，最後には，東インド会社に対抗して自国を守るのがますます困難になって来たからとされている．しかし，実際は，衰亡の原因は外的というよりも，内的な面がはるかに大きかったのである．

《20》

Professional sport, whether carried out for large wages by carefully selected teams, or (as in the Olympic Games) engaged in by 'amateurs' representing their national groups, is utterly false to the ideal of play. The true player enjoys the game for its own sake, and its own sake alone. If the game is intended to subserve some other purpose, it is ruined. The play spirit has gone. In the next Olympic Games we shall no doubt admire the skill of some of the athletes, but we shall also know that they are not really playing games, not indulging in sport. They are making war. They will not take the half-mile run and the long jump as a combination of fun and exercise, something from which they can return with relief and satisfaction to their normal pursuits outside the sphere of play, as mechanics or librarians or truckdrivers. On the contrary, they will feel that running faster or jumping further than anyone else in the world is the ultimate aim of their existence, and proves something, not only about them personally, but also about millions of their countrymen who are not even present.

—Gilbert Highet

《1》《11》参照.

1 **whether carried out** whether の次に省略されているのは何か.
3 **'amateurs'** 引用符のついている理由は何か, 考えてみること. 執筆者のこの問題全体への姿勢の現れにもなっている.

4 **utterly false**　きつい否定論だと判明する．ここまでの4行は全体の中でどういう役割を果たしているか．主張したいことを最初に堂々と一気に述べたもの．

4- **ideal of play**　この play はどういうものか，じっくり考えるべきだが，なかなかむずかしい．13行目の combination のあたりが参考になる．

7 **some other purpose**　例えば「愛国心」などか．

7- **The play spirit has gone.**　形は独立した文だが，直前の it is ruined の言い換えではないだろうか．考えること．

11 **They are making war.**　これも独立した文だが，前の not really playing 以下の言い換え．

14 **relief**　「緊張からの解放」でよいか．試合が終わってほっとしていることか．それ以外のことを考えよ．

19 **proves**　主語は they では，もちろんない．

19 **something**　「何か」ではなく「大切なこと」の意．

　　　　　*　　　*　　　*

解　説

　サッカーのW杯にせよ，オリンピックにせよ，いわゆるスポーツ競技は，個人が体をきたえたり，楽しんだりするスポーツとはひどく異質なものだ，という認識は今日誰にでもあると思います．ここでは Gilbert Highet (1906-78) によるプロのスポーツの本来のスポーツ精神からの逸脱ぶりを論じた文章を読みます．Highet はアメリカの古典学者でコロンビア大学の教授でしたが，この文は評論集 *Explorations* (Oxford UP, 1971) から取ったもので学術論文ではなく，一般的な評論です．

play の意味　　冒頭の第1文で全体の趣旨がはっきり述べられています．その点はジャーナリズムの文章と共通です．utterly false と強い否定の言葉を用いることで，まず読者の注意を引きつけようとする点でも，論文とは違います．この第1文では3行目の amateurs に引用符がついている理由の見当がつきますか．実際はプロ同然の選手が多いのを皮肉っているからでしょうが，もう1つ，文頭に Professional sport とあるので，それを素人が play するというのでは，英語としての論理が通らないため，アマといっても中身はプロですと述べて，表面上の矛盾を切り抜けようとしたのかもしれません．the ideal of play の play はどういう意味でしょうか．「遊び」と考えた人が多いはずです．この課題文全体で sport, game, play という語が類似語として数回使用されていますね．筆者がそれによってどういう姿を理想と考えているのか，それを探らないと，play の適訳も見つけられません．冒頭の play の訳は，以下の議論の展開と密接に関係あるのです．全文を探してみると13行目に a combination of fun and exercise という句が見つかります．これが play のあるべき形と筆者は考えているようです．「遊び」は fun に相当しますので，もう1つ「訓練」と結合して初めて play となります．「競技」がよいでしょう．「スポーツ」でもよいでしょうが，ここでは使い過ぎになりましょう．「試合」では明らかに外れてしまいます．

スポーツの理想像　　5行目の The true player から後は，

第1文の内容をくだいて説明することになります．utterly false と自信をもって断定した以上，その根拠を示すのが書き手の義務でしたね．enjoys the game for its own sake alone というのは，どういう日本語にすればよいのでしょう．「競技だけのために楽しむ」では少し分かりづらい気がしますので，工夫して下さい．「楽しむ以外の何か目的を果たすためにやるのではない」，「他のことはまったく頭にない」などとすれば，はっきりします．

　7行目，some other purpose というと，例えば何でしょうか．国威発揚とか売名行為とかでしょうか．The play spirit has gone. を特に考えずに「もはや競技精神はこの世から消えてしまっている」と単独で訳すと，一般論として最近はスポーツ精神が失われてしまった，と言っているようです．つまり，前文で言われているように「競技を他の目的のために役立てようと意図した場合には」という限定された場合でなくとも，世相としてそうだ，ということになりますが，それでよいのでしょうか．前文と関係のない独立した文なのでしょうか．

文章のくせ　　この点を考えるのに手助けとなるのは，11行目の They are making war. という文です．ここも形は独立した文です．でも直前の they are not really playing ... in sport の言い換えであり，we shall also know that ... に続くものと考えてよいのです．ということは，この筆者 Highet の文章のくせとして，前文に続く内容を新しい独立の文として表現するということがありそうなのです．こ

の書き方と同じだとすると，The play spirit has gone. も直前の文に続くと考えたほうがよさそうです．つまり，実質的には it is ruined, and the play spirit has gone と続けてよいのです．現在形，現在完了形と違う時制が続くのは，形だけみるとたしかに少し妙です．しかし，is ruined は現在の状態を表しているし，has gone は does not exist と同じですので，内容的にはズレというほどでなく，気にしなくてもよいのではないかと思います．書き手のくせは長い単行本などを読むと，もっとはっきりしてくるものです．くせに気づくと読解も翻訳も楽になります．

何からの relief か　12行目 They will not take 以下，かなり長い文ですから，1つの日本語訳にまとめるのは困難です．大まかに2つぐらいに割って，まず2行を訳します．「彼らは半マイル競走や走り幅跳びを，遊びと体力作りの結合とは考えないだろう」ここは問題は少ないでしょう．後半16行目までは「relief と満足を持って，そこから競技外の自分らの普段の仕事へと戻ることのできる何ものか（とは考えないだろう）」ですね．as 以下は「mechanics, librarians, truckdrivers としての普段の仕事」として補えばよいのです．それにしてもここは something from which という部分を直訳したままですと日本語として奇妙です．少し工夫して，「それが終わったら〜へと戻って行けるのだとは考えない」のようにするとよいでしょう．上記の後半の直訳では，relief をわざと日本語にしませんでした．というのは，「緊張の解放」と解する人が多いので

すが，私はそれはまずいと思うので，皆さんにも考えて欲しいのです．試合が終わって，勝っても負けても，ほっと一息ついている選手の姿は容易に想像できます．一般常識ではそうでしょうね．しかし，筆者の理想とする play が，先ほど見たように a combination of fun and exercise であるというコンテクストを思い出して下さい．そうすれば「どうしても勝たねばならぬ」というような必死の緊張感を持つこと自体，筆者から見ればスポーツ精神からの逸脱であり，従って，そのような精神的なストレスの解消など問題にならないのです．「本業での日頃の疲れ(肉体的であれ精神的であれ)からの解放」，それがここの relief の意味です．「気分転換」，「気晴らし」などが正しいのです．すべてはコンテクスト次第なり，と再び強調します．

プロスポーツ批判　　最後の文の proves something に行きます．proves の主語は，むろん running から world までです．「何かを証明する」とは一体どういうことなのでしょうか．something に「大切なもの」，「貴重なもの」という意味のあるのは知っていましたか？　There is something in what you say. So I'll take your advice.「あなたの言い分には一理ある．だから助言を受け入れるよ」とか It is something that Tom married Mary.「トムがメアリと結婚したなんて大したことだ」など．「有意義なこと」，「大事なこと」などと訳すべきです．訳文は，オリンピックなどを念頭に置いたので「卓越性」としてみましたが，「優秀さ」など，いろいろ工夫するとよいと思います．と

ころでこの一文には筆者の皮肉が表現に出ているのに気づいたでしょうか．running から world までで，「世界一速い，世界一遠くまで跳ぶ，それがどうした，そんなことを人生の究極の目的にするのかね」という皮肉．もう1つは，millions から present までで，「競技場に来てもいない同国人全体の優越性を示すなんて，どうしてそんな大仰なことが言えるのだ」という嫌味．4行目の utterly false と共に，Highet の，プロスポーツ批判についての一歩も引かぬ激しさが，うかがえます．

【訳文】 慎重に選ばれたチームが高給を求めて行う場合にせよ，あるいは(オリンピック競技におけるように)それぞれの国の団体を代表する「アマチュア」が行う場合にせよ，プロのスポーツというものは，競技の理想から完全に外れている．真の競技者なら競技そのものを楽しむのであり，競技以外のことは念頭にない．もし競技が何か他の目的の役に立つように意図されるのであれば，本来の目的は損われてしまい，競技の精神は消滅してしまう．今度のオリンピックでも，選手の中には妙技によって人を感嘆させる者も必ずいるであろうが，そういう者たちが，本当の意味で競技をし，スポーツを心ゆくまで楽しんでいるのではないこと，つまり，「戦争」をしていることも判明するであろう．彼らは半マイル競走や走り幅跳びを，遊びと体力作りの結びついたものとは考えないだろう．それが終わったら，気分転換ができたと満足して競技と無関係の普段の仕事，機械工なり，司書なり，トラック運転手なりの仕事に戻って行けるのだとは考えないだろう．それどころか，世界一

速く走ったり，世界一遠くまで跳ぶことが選手としての究極的な生き甲斐であり，さらに，そういうことが自分個人のみならず，競技場に来てもいない祖国の何百万という同胞の卓越性を示すものだと思い込むのであろう．

《21》

With a vast number of people intellectual development ceases almost in childhood; they go through life with the intellectual capacities of boys or girls of fifteen. A proper course of mental gymnastics, based on real psychological knowledge, would at least permit all minds to reach their maximum development. Splendid prospect! But our enthusiasm for education is a little cooled when we consider what *is* the maximum development attainable by the greatest number of human beings. Men born with talents are to men born without them as human beings to dogs in respect to these particular faculties. Mathematically, I am a dog compared with Newton; a dog, musically, compared with Beethoven, and a dog, artistically, compared with Giotto. Not to mention the fact that I am a dog compared to Blondin, as a tight-rope walker; a billiard-playing dog compared with Newman; a boxing dog compared with Dempsey; a wine-tasting dog compared with Ruskin's father. And so on. Even if I were perfectly educated in mathematics, music, painting, tight-rope walking, billiard playing, boxing and wine-tasting, I should only become a trained dog instead of a dog in the state of nature. The prospect fills me with only moderate satisfaction. —Aldous Huxley

《3》《7》《8》参照.

1 **With** What is the matter with Tom? He looks pale. という文の with を参考に.

2 **childhood**　すぐに「子供時代」とせず,コンテクストから慎重に考えよ.

4 **mental gymnastics**　「頭の体操」.

5 **real**　いんちきな心理学関係の本が流行しているので real と断ったもの.

8 ***is***　イタリック体になっているのは強調のせいだから,「一体全体」というような言葉を添える.

10- **Men born...faculties**　A is to B as C is to D「AとBの関係は,CとDの関係と同じ」の公式通り.Cの次の is は省略可能.

12 **these particular**　particular は,よく「特別の」だと考えられているけれど,そうではない.強いて言えばここは「他ならぬこういう」の意.

14 **artistically**　「美術,絵画の面で」.

16 **Blondin**　以下 Newman, Dempsey, Ruskin's father の人名は,昔はともかく,今は知られた名前ではない.この文章の発表された頃は,誰でも知っていたのであろう.

23 **a dog in the state of nature**　「自然のままの状態の犬」と聞けば,コンテクストを忘れて,「いいじゃないか!」と思いがちだ.ここは「野生がよい」という「常識」を忘れるべき.

24 **moderate satisfaction**　否定的なニュアンスが強い.

*　　　*　　　*

解 説

20世紀前半を代表するイギリスの小説家,評論家の Aldous Huxley (1894-1963) の評論集 *Along the Road* (Chatto & Windus, 1925) に収められた 'Work and Leisure' という

評論から取った課題文です．作家の評論は学者の堅い評論と較べると，多くの場合，分かりやすい実例が多く，論旨を展開する過程で寄り道をする傾向があります．

　全体は比較的素直な文章ですし，多少とも教育とか人間の成長に関心のある人には興味深いものだと思います．もっとも，私のように「努力すればどこまででも伸びられる」と言って学生を励ましている者にとっては，いくら頑張ってみても，もともと天分のある者には追いつけない，という筆者の主張は，あまり受け入れたくはないですけどね．少なくとも英語力は，努力次第でいくらでも向上すると，お互いに信じましょう！

with の用例　　冒頭の With は，正しく分かったでしょうか．例えば次の文はどういう訳になるでしょう．Anything is possible with God.「神と一緒にいれば，どんなことも可能だ」というのは正しいでしょうか．「神にあっては，万事可能なり」としたらいかがでしょう．この with は，広い意味で関係，関連を示していますので，直訳としては「神の場合は……」と考えられます．この with の用例としては What is the matter with Tom? がよく挙げられます．

何歳の子供か　　というわけで冒頭は「非常に多数の人の場合には」と読めます．With a vast number of people intellectual development ceases almost in childhood「ほとんど子供時代に知的成長はとまる」と言い切っていますが

真実でしょうか．それはchildhoodをどう考えるかによります．子供って何歳のことを指すのでしょう．続く文章を読むと，15歳くらいまでを子供時代と考えているようなのが分かります．英語のchildは大体14歳以下をいうわけで，それでよいのですが，日本語の「子供」はもう少し年齢的に低いので，ここを「幼児期」と考えた人もいるでしょう．一度はそう考えても，セミコロン以下を読んですぐ修正して下さい．

mental gymnasticsは「頭の体操」という日本語と同じですね．mentalを「精神的」としてはいけません．次のpsychological knowledgeの前にrealがついているのはどういうわけでしょう．realの反対は，この場合はfalseでしょう．つまり，日本でも英米でも「まやかし」の心理学が流行しているので，敢えて「正しい」と断ったというわけだと推測されます．

willとwould　　さて，5行目のwould at least permitのwouldをwillとあまり変わらない，と思った人はいないでしょうね，どうですか？　世の中には大まか過ぎる人もいるので心配です．ここで仮定法の説明をするつもりはなく，おそらく，必要もないでしょうけれど，英語と日本語の差異が大きいのに，日本語ではあまり区別する習慣のない表現の場合，とくに気を配って欲しいのです．

ではwillとwouldで，どのような差が生じるか考えてみましょう．willなら「きちんとした教育をすれば〜でしょう」というだけで，それが可能かどうかは述べられてい

ません.「一応そうなっていますがね」という,いわばお役所的な言い方です.ところが would になると,教育にあまり信頼を置いていない.「もしやれたとしたらば」の話になります.といって,可能性がゼロというのではありません.従って「最高限度にまでなら,あるいは発達させうるかもしれないだろう」という訳が正しいでしょう.つまり課題文の冒頭で「子供時代に終わる」と断定的に述べた以上,その後の文において will がくるはずがない.英語の論理はそれを許さず,would なら OK となるのです.

さて僅かな可能性でも「最高限度」というと喜ぶ人もいるでしょう.それに水を掛けるのが,次の But 以下です.ここでは what *is* と *is* がイタリック体になっているのに注意しましょう.内実は一体,どの程度まで到達できるというのか,美辞麗句に踊らされずに冷静に見極めよう,という感じですね.

人間と犬の比較　　10 行目 Men 以下の文は,A is to B as C is to D「A と B の関係は,C と D の関係と同じ」という公式ですから,知っていますね.C の次の is は省略可能で,ここでは省略されています.ここの文の意味は,要するに,天賦の才に恵まれた人と普通人の差は,人間と犬との差ほどある,ということです.筆者はここでは犬を人間よりもずいぶん低い存在として述べていますね.もちろん犬は,例えば嗅覚では人間の数倍の能力があると言われていますが,ここではそれ以外の能力を問題にしているわけです.ここでは犬がおとしめられていることを覚えてお

いて下さい．

particular は「特別の」ではない　these particular faculties を見ます．まず these というのは具体的には次の数学などを指していますので，「次に述べる」というのが正確です．機械的に「これらの」としないように．問題は particular です．私はよく，「特別の」ではなく「特定の」と覚えておくとよい，と学生に言っていますし，これはこれでよい助言であるとは思いますけれど，それで充分ではないのです．例えば this particular box とは，「他ならぬこの箱」ということで，他の箱と特に違った特別なものでなく，「この」を強調しているだけです．particular は日本語に訳さなくてもよい場合も多いのです．

固有名詞の効果　ここから具体例が挙げられています．抽象的に数学，音楽などと言う代わりに，Newton, Beethoven, Giotto など，誰でも知っている有名人の名を出して，能力差の話を効果的に印象づけているのです．Giotto の前にある artistically は，一般的には「芸術の面で」でもよいでしょうけれど，ここでは musically と違えるために「絵画の面で」としなくてはいけません．細かいことですけれど，あくまでコンテクストを考えて訳語を決める習慣を身につけて下さい．次の人たち，Blondin, Newman, Dempsey となると，少なくとも今日では，知名度はずっと落ちます．ただし，この文の発表された 1925 年には当時のイギリス人読者にはなじみの名前であ

ったのでしょう．コンテクストから判断して，それぞれ綱渡りの名人，ビリヤードの名人，ボクシングのチャンピオンであるのは分かります．最後の Ruskin's father は，19世紀の作家，文明批評家として有名な John Ruskin の父で，富裕なワイン販売業者だった人です．当然ワインの目利きとして一流だったのでしょうが，それほど有名という人ではありません．この文の筆者 Aldous Huxley は百科事典並みの博識な人でしたから，その作品にはエッセイでも小説でも，常に多くの人名，地名などが飛び出します．わざわざ事典などで調べる必要はありません．

常識に頼らない　　時代の流れで常識として知っている名前は変わります．このように常識は流動的ですのに，自分の常識に頼り過ぎると，目の前の文章の伝える内容を誤読することがあります．22行目，I should only become 以下のところ，特に後半の in the state of nature の解釈です．この句だけを見れば「天性豊かな」，「自然の中にいる」，「野生の環境にある」というように，望ましい状態と考えられます．一般論として，大自然の中でのびのびと動き回る犬は，本来あるべき姿だと考えられます．それに対して，前半の調教された犬など，動物本来の姿を人間の勝手で歪めたもの，と映りましょう．どちらがよいか，と問われたら，直観的に「自然のまま」を取る人が大勢いるのではないでしょうか．常識に従えばそのように考えるのです．

　機械的にこの常識に従ってこの部分全体を訳せば，「天性豊かな犬にはとうていなれず，せいぜい調教犬になれる

だけ」というようになりましょう.

　しかし,これではコンテクストに合致しません.いくら私が教育を受けてみたところで,せいぜい訓練犬になれるだけ——野性状態は脱したにしても,ということではないでしょうか.先に見た通り,この文章では犬を低く見ているのですから,その野性味を評価しているはずがありません.従って,正しくは,「たとえ充分な訓練を受けたにしても,野良犬から調教犬にどうにかなれるだけ」と解さなくてはなりません.一般常識よりコンテクストが優先する例と言えましょう.

　最後の文の prospect という語は7行目にも出ていますね.前は splendid と形容されていましたが,この結論部でも同じでしょうか,変化しているでしょうか.「その見込みは,私をほどほどの満足感で満たしてくれる」などと訳すようなことは,間違ってもしないように.

【訳文】　大多数の人の場合，知的成長はほぼ子供時代に終わってしまう．つまり，みな15歳の少年少女の知力のままで一生を過ごすのである．だが，正しい心理学上の知見に依拠した知的訓練を適切にほどこすならば，万人の知性を少なくとも最高限度にまで発達させうるかもしれないという．もしそうであるなら何とすばらしい展望であろうか！　けれども，最大多数の人間にとって手の届く最高の発達とは，一体どの程度のものでありうるかをじっくり考えてみるならば，教育への憧れは少しばかりしぼんでしまう．こういうことだ．天賦の才を持つ者と普通人との関係は，特定の才能に関する限り，人間と犬の関係に等しいのだ．数学の能力に関しては，私はニュートンと較べれば犬であり，音楽の面ではベートーヴェンと較べて犬であり，美術の面ではジオットと較べて犬である．さらに，言うまでもなく，綱渡りに関してはブロンダンと較べて犬であり，ビリヤードではニューマンと較べて犬である．同じく，ボクシングではデンプシーと較べて犬であり，利き酒ではラスキンの父と較べて犬である．たとえ私が数学や音楽や絵画，それに綱渡りやビリヤードやボクシングや利き酒に関して完璧に訓練を受けたとしても，望めるのは，せいぜい野良犬でなく訓練された犬になれることだけである．こんな展望ではあまり喜ぶことはできない．

5
伝記を読む

　伝記の文章だからといって，light essay や評論と特に文体が変わるわけではありません．ただ筆者は対象として描いている人間についての深い関心があり，人間としての面白味，不思議さを読者に伝えたいと思い，そのためにいろいろと工夫をこらしています．読者の頭にその人物の姿が浮かび上がり，さらに動き出せば伝記作者としては大成功です．この点，小説家と同じ狙いを持っているわけで，文体も小説家の文体と似ています．強いて小説との違いを探せば，小説家は主人公を遠くから描くというより，接近し，時に自分と一体化して描く傾向が強いのに対して，伝記の場合は，少し距離を置き，冷静に描こうとします．その点で評論およびエッセイと共通することになりますから，伝記の文章は，評論およびエッセイと小説の文章との中間にあると見てよいでしょう．しかし，ケース・バイ・ケースであり，これはごくおおまかに見た場合の話です．

《22》

Lack of method and a haphazard and unlimited generosity were not his only Irish qualities. He had a quick, chivalrous temper, too, and I remember the difficulty I once had in restraining him from leaping the counter of a small tobacconist's in Great Portland Street, to give the man a good dressing for an imagined rudeness—not to himself, but to me. And there is more than one bus conductor in London who has cause to remember this sturdy Quixotic passenger's championship of a poor woman to whom insufficient courtesy seemed to him to have been shown. Normally kindly and tolerant, his indignation on hearing of injustice was red hot. He burned at a story of meanness. It would haunt him all the evening. "Can it really be true?" he would ask, and burst forth again to flame.

Abstemious himself in all things, save reading and writing and helping his friends and correspondents, he mixed excellent whisky punch, as he called it. He brought to this office all the concentration which he lacked in his literary labours. It was a ritual with him; nothing might be hurried or left undone, and the result, I might say, justified the means.

—E. V. Lucas

《1》《5》参照.

3 **quick, chivalrous temper**　quick temper は「怒りん坊」で，chivalrous temper は「騎士道的な気持」で，この2つは普通は結びつかないので，訳は工夫を要する．

6 to give...　この to は in order to と同じ．
6 good dressing　まさか衣服ではない．口語で「大目玉」のこと．
6- imagined　「想像上の」としてしまうより，「～と思い込んで」とすべき．というのは，単なる想像でなく，当たっていることもあるので．
9 cause to remember　「覚えているだけの理由(を持つ)」というのは，どういうニュアンスか．
9 Quixotic　「ドン＝キホーテ的」．
10 championship　「支持，擁護」．cf. She is well known for her championship of women's rights.
10 poor　「気の毒な」か「貧しい」か，それとも「可哀そうに」と副詞的に扱うか．
13 red hot　「激しい」red-hot として載っている辞書が多い．
13 burned　「かっとなった」．
16 Abstemious　「(飲食などに関して)禁欲的な」．
18 as he called it　「そう呼んでいたが」．
19 office　「事務室」ではないので注意．
20 literary labours　「文学上の仕事」．
20 a ritual with him　「彼の場合には，儀式のようなもの」．
21- nothing might be hurried　「何ひとつ急いでやってはならぬ」．

*　　　*　　　*

解　説

漱石「クレイグ先生」　一口に伝記といっても，長いのも短かいのもあります．部厚い伝記の一部だとまとまりがないので，ここでは数十ページの短い伝記の文章から取りま

した．ごく一部でも全体像をうかがわせるような名文だと思います．英米から1つずつです．まず，イギリスのエッセイスト E. V. Lucas (1868-1938) の *Character and Comedy* (Methuen, 1907) に収められている文章です．Lucas は，20世紀の初め頃に活躍し，ユーモア感覚，人情味に富むエッセイを多数発表しました．ここで描かれているのは William Craig (1843-1906) というシェイクスピア学者です．有名人ではありませんが，夏目漱石が留学中に個人指導を受け，後に「クレイグ先生」というエッセイで彼について描いています．

　平易に見えますが，案外間違いやすいところもあるので注意して読んで下さい．とくに慎重を要する単語を上から挙げておきましょう．quick, dressing, championship, office です．すべて既知の単語でしょうけれど，もしコンテクストから見て，少しでも変だと思ったら，気軽に辞書に手を伸ばしてみることです．第1文は，何か唐突な感じを与えるでしょう．無理もありません．元の本ではこの文の前に，アイルランド出身者らしい特徴が述べられていたのです．2行目の not his only Irish qualities は「彼だけの持つ，アイルランド気質によるだけでない」というような取り方をしなかったでしょうね．only は近くにある言葉を修飾すると言いますが，その原則を外れることもあるので気を配る必要があります．

矛盾する形容　　次の quick, chivalrous temper の quick はどうでしょう．2つの形容詞がある場合，どう考えるか．

2つが似たような意味なら，そのまま並べてよいのですけれど，反対の意味に思われる場合はどうしたものでしょうか．さて，quick temper というのは，「かっとなりやすい性分」ですが，chivalrous temper は「騎士道的な気性」です．この2つは通常対立したものと考えてよいでしょう．もちろん，人間というものは複雑な存在ですから，いくつかの相互に矛盾した性質が入り混っても不思議はありません．でも，ただそのまま訳したのでは，奇妙な日本語になってしまいます．そこで，「短気だが騎士的でもある」，「短気な面と騎士的な面と両方ある」としたらどうでしょうか．実はこの文章には，私の先輩で比較文学者の平川祐弘氏の翻訳があるのですが，氏はここを「良く言えば義侠心，悪く言えば大の癇癪持ちであった」としています．ぜひ参考にして欲しいと思います．原文の意味するところをよく考えた上で，それに見合った日本語を探すという翻訳のオーソドックスな方法の成功した例でしょう．a good dressing の dressing に「大目玉」という意味がありますが，どの英和辞典にも載っているというのではありません．せいぜい「dressing-down と同じ」となっているようです．口語で，しかもあまり使われていないからでしょう．しかし rudeness に対して「よい服」を差し上げるなどということがあるでしょうか．変だと思ったら，時にはやや大き目の英和辞典も引いて下さい．なお，こういう時の good は，もちろん「たっぷりの，かなりの」です．例えば，After a long walk, we took a good rest. の good rest は「充分な休息」と訳します．

「貧乏」か「気の毒」か　　championship を「選手権」とした人は，まさかいないでしょうね．「擁護」としたのはよいのですが，その中身は見当がついたでしょうか．抽象的な表現だと，誰が誰にどのように振る舞ったか判然としないので，具体的にくだいて訳すほうがよいと思います．前行に戻りますが，has cause to remember というのは，もちろん「覚えている理由がある」ということですが，「忘れようにも忘れられない」という感じです．つまり，彼の剣幕がそれぐらい激しかったのでしょう．poor woman というのは，今ならまず「貧乏な」ではなくて，副詞的に「気の毒にも」と訳したり，「(車掌に)邪険にされて気の毒な」としたりするところです．しかし20世紀初頭の階級制度のしっかりしていた時代の話なので，ここは「貧しい」だと想像されます．身なりなどで階級が分かったのでしょう．red hot「激烈な」は，間にハイフンが入って，1語として辞書に載っているようです．

as he called it　　16行目の Abstemious というのは，とくに飲食に関して少量しか取らぬ，ということで，ここには in all things とあるので，「万事において控え目」とすればよいと思います．himself は「彼自身は」と he を強調しているのですが，具体的にこの後とどう関係するのでしょうか．後の mixed excellent whisky punch と結びつけて下さい．「自分はほとんど飲まないのに」，「自分は酒を嗜まないのに」ということでしょう．whisky punch, as he called it はどういうことでしょうか．パンチという飲

物は，アルコールとしてはワインを用いるのですが，彼独自の作り方でウィスキーをワイン代わりに用いたものと考えられます．普通のパンチと間違われないように，自分で命名したのでしょう．

　office を誤った人が多いと思います．半数近くの人が間違えると予想しました．どうでしょうか．「事務室」でなく「仕事」とか「任務」とするのが正しいのです．これも辞書に出ています．he lacked in his literary labours については，クレイグ先生は学者としてはあまりすぐれた業績を残せなかったという事実に触れています．labours は「骨の折れる仕事，作業」ですから，ここは「文学研究者としての仕事」ということになります．次の It は this office，つまりパンチ作りです．a ritual with him は正しく理解できたでしょうか．この with は《21》で詳しく説明したわけですが，concerning と同じですね．しかし「彼に関しては儀式だった」ではよく分かりません．「彼にとって，それは儀式であった」つまり，単なる飲物作りというような次元のものではなかった，というのです．nothing から undone までは，ritual と呼ぶにふさわしい作り方の作法です．「じっくり時間を掛け，何ひとつ省かずに」作るわけです．

決まり文句に頼らない　　次の the result justified the means はどうでしょう．素直に考えれば，「結果は手段を正当化した」という日本語に置き換えられると思います．ところが，「手段」と「正当化」という単語を目にすると，

「目的のためには手段を選ばず」という決まり文句が，さっと頭に浮かぶ人がいるようです．皆さんの中にも，同じように反応した人が必ずいるでしょう．人間誰しも，自分の頭でじっくり考えるのは面倒なので，既知の訳語などがあるとすぐそれに頼りたくなります．数学の解などでも，公式が使えそうだとあわてて勘違いしたことはありませんか．今の場合も，やはりコンテクストを考えて慎重に訳して下さい．挿入句として I might say とありますが，これは筆者 Lucas がクレイグ氏の友人として，このパンチを振る舞われた数少ない1人なので，「自分の味わった限りでは」と遠慮しつつ述べたわけです．

【訳文】 方法論のないところと，行き当たりばったりなのに際限なく気前よくするところと，これだけが彼のアイルランド気質というのではなかった．もう1つ，不正を見るとすぐ立腹し正さずにはおかぬという性質もあった．ある時，グレイト・ポートランド通りの小さなたばこ屋で，主人の言動に無礼なところがあったと思い込んだ彼が，カウンターをとび越えて大目玉を1発食らわそうとしたのを，私が苦労して押しとどめたことがあった．しかもその無礼は彼でなく私に対してのものだった．また，ロンドンの乗合馬車で貧しい婦人乗客が粗略に扱われたと思いこんだ彼が，婦人のために車掌に抗議したことが一度ならずあり，このドン=キホーテ的な屈強な男性に文句を言われたのをいやでも覚えている車掌が1人ならずいるはずである．平素は親切で寛大なのだが，不正が行われたと聞くと，その

怒りようは激烈だった．卑劣な行為があったと聞くと，かんかんに腹を立てた．そういう折は一晩中かっかとしていた．「そんなひどい事が本当にありうるのだろうか？」と言っては，また怒りを新たにするのだった．

　読書と執筆と友人や文通相手に手を貸すことを除けば，万事において，自分に対して禁欲的な男であったけれど，ウィスキーパンチと名付けたうまい飲物を友人のために作る際にはぜいたくだった．調合するために，執筆活動には不足している集中力のすべてを傾倒した．一種の儀式のようなものと考えていたから，ゆっくりと時間を掛け，何ひとつ手抜かりなく，というように慎重に作った．出来上がった飲物は，手を掛けただけのことはあったと言ってよいと思う．

《23》

　　News of the death of Primo Levi in April 1987 brought with it a sense of loss, painful at the time, that has not entirely receded to this day. Levi's death was reported to be self-inflicted, reason enough to feel more than just saddened by the passing of an exceptionally fine writer. How could he—whose books were distinguished by such measured temperament, emotional balance, and rational control—how could *he* of all writers take his own life? Did he in fact kill himself, or did he experience a momentary blackout and fall accidentally to his death? However one viewed it, Levi's death was recognized as tragically premature and, as such, had to be mourned as an enormous loss to the world of letters. Beyond that, though, if his was indeed a death by suicide, the implications were all the more troubling, for Levi's violent end would necessarily raise once again the awful possibility that the Nazi crimes could continue to claim victims decades after Nazism itself had been defeated. Was there latent within the memory of these crimes a peril that, years later, might overwhelm those who seemingly had managed to escape them—and not just escape them but, as in Primo Levi's case, prevail over them?

　　　　　　　　　　　　　　　　—Alvin Rosenfeld

《1》《9》《11》参照.

1 **Primo Levi**　ナチスの収容所から生還したイタリアの作家.
3 **has not entirely receded to this day**　「今日に至るまで薄れ

4 **self-inflicted** つまり「自死」ということだが,他にも take his own life, kill himself, suicide, violent end なども用いられている.すべて自殺のことであり,訳文をそれぞれに合わせて変える必要は必ずしもない.

4 **reason enough** 前文の内容と同格.

6 **writer** 自分のアウシュヴィッツ体験を述べた手記の他に創作もあり,作家として評価が高い.

7 **measured temperament** 「落ち着いた気質」.

11 **However one viewed it** 「どのように見るにせよ」.

12 **premature** = too soon.

13 **as such** = as a tragically premature death.

14 **world of letters** 「文学界」.

18 **claim victims** 「犠牲者を求める」.cf. The earthquake claimed two thousand lives.

18- **decades after...** 「〜後何十年も経って」.

23 **prevail over them** them は crimes を指す.犯罪の影響を逃れて生き延びただけでなく,それに打ち勝った,ということ.

* * *

解 説

執筆者の姿勢　アメリカのインディアナ大学にあるユダヤ問題研究所の責任者 Alvin Rosenfeld 教授(1938-)の文章 'Primo Levi: The Survivor as Victim'(*Perspectives in the Holocaust*, 1995)を読みます.対象となっている Primo Levi(1919-87)はイタリアの作家で,アウシュヴィッツ強制

収容所での体験をリアルに描いた記録文学者として有名です．この文は伝記といっても，Rosenfeld 教授がホロコースト研究の書物に寄稿した短いエッセイの一部で，Levi の死と収容所体験に焦点をしぼって語った部分です．内容が内容だけに，さらに筆者もユダヤ人であるため，文体はゆったりとした余裕のあるものではなく，ナチスの犯罪への抑え切れぬ怒りがあちこちに顔を出しているようです．しかし表面は，努めて冷静であり，Levi の死から自分の受けた今日に至るも消えぬ衝撃を抑え，ひとりよがりにならぬよう，一般読者に納得してもらえるように，研究者らしい文体にしています．第 1 文は解釈上の問題はありませんね．to this day というのは，この文章は 1995 年執筆なので，「8 年後の今に至るまで」ということです．

同一のことを言い換える　　4 行目の self-inflicted は「自らの手によるもの」ということですが，この文章全体には自殺，自死を表すのに，take his own life, kill himself, suicide, violent end などいくつもの表現が用いられています．これを訳し分けるのが容易な場合は，してもよいのですが，原語が違うからといって訳語も変えなければならないわけではないのを，ここで再び確認しておきましょう．同一語の反覆を耳ざわりの故に嫌う英語とは違うので，日本語では，そう神経質になる必要はないのです．この self-inflicted も「自殺」として差し支えありません．

　同じ 4 行目の reason のところを考えましょう．文法的には，これは前文の内容，つまり，自殺だったということ，

と同格です．訳文には少し工夫が必要で，「ただ単に悲しむというよりさらに悲しみを覚えるのに充分な理由」とすると，悲しみがこの上なく大きかったと言っているようになります．しかし，ここは強い悲しみはもちろん感じつつも，悲しみとは違う別の感情も湧き上がってくる，ということですので，訳し方を変えるべきです．嘆く以外の感情というと，無力感，怒り，不可解，失望などいろいろありましょう．

自殺か事故死か　6行目，How could he 以下に行きます．「どのようにして自殺などすることができたのか？」としますと，意地悪く言えば，自殺の方法を問うているように聞こえます．理由を表す時は「どうして」です．could も「ありえた」です．細かい言い回しにも気をつけましょう．take his own life はすでに述べたように「自殺」でよいのですが，そう取れずに「自分の人生を作品の材料にする」などと解した人もいたのではありませんか．measured temperament は「慎重な気質」，emotional balance は「情緒安定のよさ」，rational control は「分別のある抑制」と一応訳してよいでしょうが，3つともあまり差はありませんね．英文和訳でなく自由な翻訳の場合なら3つを適当にまとめてもよいところです．例えば，「その著作から判断して，抜群の情緒安定度と落ち着いた分別のある人物と考えられていたのに」としてはどうでしょうか．Did he in fact kill himself のところは，筆者が自殺を疑い，事故死の可能性を考えたことを暗示します．momentary blackout は「一時的な意識喪失」です.しかし,Leviの死の真相については,現在「自殺」説が一般的のようです.

「夭逝」でよいか　　However one viewed it は「自殺と見るか,事故死と見るか,どちらの見方を取るにせよ」ということですね.Levi's death was...premature のところを「若死」,「夭逝」としてよいと思う人が多いでしょうね.しかし,ここでもコンテクストを考えて欲しいのです.1987年死亡ということは,ホロコーストの体験者なら——Levi がその 1 人であるのは後半から読み取れますね——最低でも 60 歳になっているはずです.実際は 68 歳でした.つまり「若死」という語は当てはまりません.「早過ぎる」,「もっと長生きしてもよい」などとすれば問題はありません.例えば,premature death を「若死」と一度覚えたら,どんな場合にも,条件反射のように同じ訳語のみを使うのは避けましょう.as such を文字通りに「こういうものとして」と訳してうまく通じればよいのですが,「そのことだけでも充分に」などコンテクストに合致する日本語表現を工夫したほうがよいでしょう.the world of letters の letters とは何でしょうか.文学一般を指すのですが,やや気取った語です.

自死の理由を探る　　14 行目,Beyond that から筆者独自の見解がでてきます.これまで述べたことはその通りだが,もう一歩深く踏みこんで考えるべきなのは次のことだ,というようなニュアンスが感じられませんか.the implications were all the more troubling というのは，どういう意味でしょう．the more と比較級になっているのですから，何と何を比較しているのか分からないといけません．「自殺であれば，自然死・事故死の場合よりも，それだけ一層 troubling になる」が一応の直訳ですが，ここまではできましたか．the + 比較級は，I said nothing, which made him all the more angry.「私は黙っていたが，それがかえって彼を一層怒らせた」とか If you start now, you'll be back the sooner.「今出発すれば，それだけ早く戻れるよ」などの例文を暗記しておくとよいですよ．さて troubling にはいろいろの訳がありえますが，「煩わしい」，「やっかいな」，「面倒な」などでよいでしょうか．筆者がその理由として，述べているのは非常に深刻なことですから，まさか「煩わしい，面倒臭い」では済みません．「事は重大であり，不安ならざるをえない」と私は訳してみましたが，コンテクストから分かる筆者の気持にふさわしい訳にしたつもりです．

不安感　Rosenfeld 氏は短い文の中で，自分にも読者にも問い掛けを行いながら，言葉を選んで事の真相にせまろうとしていますね．疑問文が多いのはそのためでしょう．20 行目 the memory of these crimes は強制収容所に入れられ死の直前まで行かされた人たちの頭に残る記憶ですね．その記憶の中に，何十年後に体験者を自殺に追いこむ危険性がひそんでいたのかもしれない，というのです．従って，escape them の them はもちろん crimes ですけれど，た

だ「犯罪から逃れた」としないで,「犯罪の影響から逃れた」としなければいけません.細かいことを言うようですが,こういう区別は大切です.ナチスの犯罪から逃れたというと,アメリカなどに亡命できた人たちのことを指すのでしょう.日本の外交官杉原千畝氏もユダヤ人を救ったことで有名です.ここでは収容所から奇跡的に生還した人が話題なのですから.最後の prevail over them は,Levi の場合,このような影響,後遺症に打ち勝ち,作家として名を成したことを指しています.Levi のような人でさえ,今でもナチス犯罪の犠牲者となっているのだから,生還した人たちの間に今後も自殺者が出るかもしれない.そういう可能性が筆者を不安にしているのだと思われます.

【訳文】 1987年4月のプリーモ・レーヴィの死のニュースは,当時,心の痛むような喪失感を生じさせたものだ.喪失感は今日でも完全に消えてはいない.レーヴィの死は自殺だと報じられていたのだから,不世出の一流作家の死をただ嘆く以外にある感慨を覚えるのも当然である.レーヴィのように,落ち着いた気質と情緒の安定と抑制の利いた知性を特徴とする著作を発表している作家が,そう,大勢の作家のいる中で,どうして彼が自殺したなどということがありえたのだろうか.本当に自殺だったのか,それとも,瞬間的に意識を失い,死につながる事故に巻き込まれたのか.どのように死因を捉えるにせよ,レーヴィの死は嘆かわしく早過ぎる死だと見られ,そのことだけでも充分に文学界への大損失として悼まれねばならなかった.だが,

そのこと以上に，もし本当に自殺であったとするならば，事は重大であり，不安にならざるをえない．ナチズムの犯罪というものが，ナチス自体が崩壊してから何十年も過ぎた後にまで，いまだに犠牲者を求めうるという恐ろしい可能性が，レーヴィの異常な死を契機に再び浮上せざるをえないからだ．ナチスの犯罪の記憶の中には，犯罪の影響から逃れたように見える人を破滅させる危険がひそんでいたのだろうか．レーヴィのように，逃れただけでなく，みごとにその影響を克服したように見えた人まで，年月を経た後に破滅させることができたのだろうか．

6
戯曲を読む

　会話体の文章を考える時，私たちが日常の会話でどんな言葉を用いているかを思い出してみましょう．会話では言葉の他に身振り手振り，顔の表情，声の出し方など，思いのままに活用できますね．言語の使用は少なくとも意思の疎通にこと欠かぬ場合もありましょう．とくに日本人には言葉に頼らないコミュニケーションとして，昔から腹芸なども好まれています．今の若者同士の会話を聞いても，省略が多く，仲間内でのみ通用する言葉の多用が見られますが，それでも単語数はとても少ないようです．これに反して，フランス人は何でも言葉で明確に表現するくせがあります．明晰な言語を尊ぶ点で英米人はフランス人ほどではないかと思いますが，それでも日本人と較べれば，文法的にきちんとし，論理の通った物言いをしますので，会話の英語でも，書かれた英語の意味を正読する作法は基本的に役立つと考えて差し支えありません．ただ言葉に出されていない話者の隠れた気持などは充分に推測することが大事です．ここでは20世紀の英米2つの劇の一部を読んでみます．

《24》

DOROTHY: What a nice-looking boy Pat is growing! You'll have to keep an eye on him, darling. You know what women are.

MARGERY: Oh, I'm not frightened. He's absolutely innocent. And he tells me everything.

DOROTHY: They talk a lot of nonsense about the young nowadays. I don't believe they know half as much as we did at their age.

MARGERY: I wish they wouldn't grow up quite so quickly. When Pat came back from school this morning, it gave me quite a shock.

DOROTHY: I don't care. It's not like before the war. People don't grow old like they used to. When Dinah and I go out together we're always taken for sisters.

MARGERY: I honestly don't think you look a day older than she does. But then you're dark. That gives you such an advantage. When you're blonde like me you fade.

DOROTHY: You haven't. Why, I was only thinking at dinner last night how lovely your hair looked.

MARGERY: It's several shades darker than when I was a girl. I was wondering if anyone would notice if I had it touched up a little.

—Somerset Maugham

《2》《7》参照.

3 what women are 「女がどういうものであるか」.

4- He's absolutely innocent.　母親が子供をいつまでも子供扱いするのは日本も同じか．
6 They talk a lot of nonsense　They は「世間の人びと」でよいが，nonsense とは何のことか．次の文から察せられよう．
9 I wish...　M は D の話よりも，自分の容姿が老けてないかを気にしている．
10 Pat came back from school　寄宿制の高校からの数時間かけての帰省．
11 shock　どういうショックか考えること．
12 It's not like...　It は漠然と今話題になっていることを指す．ここでは人間の年の取り方．
16 honestly　社交辞令なのに「正直に」というのは面白い．
18 When you're blonde　この you については知っているはず．
20 only　どこにかかるか．近くの語とは限らない．
23 girl　「少女」ではない．
24 had it touched up　「手を入れさせる」．

*　　　*　　　*

解　説

　モームの後期の戯曲 *The Breadwinner*(*The Collected Plays of W. S. Maugham* vol. 2, Heinemann, 1931)から取りました．これは，第 1 次大戦後のイギリス上流階級の生態を批判的に描いた作品です．ここは中年の婦人 2 人がティーンエイジャーの子供のことを話し合っている場面です．

women の年齢　さて，2-3 行目の You know what

women are. は大体見当がつくと思いますが、どうでしょう。この women はいくつぐらいの女性だと思いますか。Pat は 16, 7 歳でしょうが、彼と同年輩の女の子でしょうか、それとも、母親たち Margery や Dorothy たちと同じ中年婦人でしょうか。women という語から判断して後者です。年長の婦人たちが Pat のような美少年、美青年を誘惑する可能性が話題になっているのです。次の Margery のところに行くと、I'm not frightened と Dorothy の発言に答えて、「心配していない、恐れていない」と言うのです。「気をつけなさいね」と言われて、その必要はないと答えたからには、その理由をはっきりさせることが英語の論理上必要です。理由は2つです。1つ目はいいでしょう。2つ目の理由の冒頭に And がありますね。「さらにもう1つ安心している理由があって、それは……」というのですから、これは「そして」でなく「それに」と訳さなくてはいけません。

They の指すもの　　6行目、They talk a lot of nonsense は、気をつけないと誤ります。nonsense って中身は何でしょうね。They というのも、誰のことか。すぐ下の they know の they と同じか違うか。少し考えて下さい。I don't believe 以下の文のほうがやさしいので、こちらから考えますと、この they は直前の the young をうけた「今の若者たち」のことだと分かります。「私たちがあの人たちの年齢だった頃に知っていた半分も知らないと思う」と言うのですが、では知っていた事とは何でしょう。男女関係や

セックスがらみの知識であるのは，見当をつけられるかと思いますが，いかがでしょう．さて前の文の They と nonsense は，後の文の中身から想像すると，They は漠然と「世間の人たち」となりましょう．They say some movie star lives in this neighborhood. の they と同じです．nonsense は今の若者は乱れているとか，セックスにおいて不真面目だ，というような馬鹿げた話を指すのでしょう．従って，Dorothy の発言の2つの文は間に But のような接続詞が入ると考えられます．

Margery の関心事　　Margery は若者の知識などよりも，自分自身の容姿の美しさに執心のようです．Dorothy の発言に同意も反対もせず，息子 Pat の成長ぶりについて語り，子供が大きくなると，親である自分が相対的に老けてみられるので困るというのです．When Pat came back from school this morning という表現で，何時頃帰宅したのか，また，何のための帰宅か，大体の見当はつくでしょうか．

　母親がショックを受けたというので，子供が非行に走り，一晩帰らず，朝になってようやく帰宅したのだと考える人もいましょう．しかしイギリスの中・上流家庭の少年は寄宿制の public school に普段いて，休暇になった時だけ親元に帰るのを知っていれば，そのようなことを考えずに済みます．久し振りの再会だけに，子供の成長が目ざましいのです．どうして this morning に帰宅したのか，分かりませんが，morning は「朝」に限らず午前中つまり日の出から正午ならよいのですから，ここも午前中の意味なので

親子が双子？　Margery の心配に対して Dorothy は平然としています．その理由をすぐ述べていますが，それによると，これまた昔と今は違う，今は人は老けるのがおそい，と言います．彼女は昔と今の比較が好きなようですね．娘の Dinah と姉妹だと間違われるのを得意気に語っています．次の Margery の I honestly don't think 以下が社交辞令であるのはすぐ分かりますが，わざわざ honestly と断っているのが，かえっておかしいですね．さて先ほどの sisters ですが「双子」と取った人はいませんでしたか．その根拠は a day older で，「1日たりとも年上には見えない」だから「同い年」と考えたくなるかもしれません．でもいくら何でも文字通りに取り過ぎたのです．2人の婦人はお互いに「若く見える」とお世辞を言い合っているわけですね．有閑婦人のこういう内容の会話であれば，文字通りに受け取る必要はないでしょう．But then you're dark. に行きます．But then は *LDCE* では but on the other hand と説明され，It doesn't go well, but then what do you expect from a £50 car?「うまく動かないな．でもさ，50ポンドの車では仕方ないな」という例文があがっています．別の角度からものごとを見る場合によく使います．この場合の別の角度とは，髪の色の差です．dark は「髪は黒，目は茶または黒，肌は浅黒い」を意味するというのが基本ですが，ここでは髪の色について述べています．

such an advantage の such は「このような」ではなく，「非常な」で，強めの意味です．

社交辞令の応酬　　When you're blonde like me you fade. この you が「あなた」でなく，「一般的な人」を指すというのは，もう勉強済みでした．fade はこの場合は，髪の色が艶や明るさを失うということでしょう．Margery は blonde を用いていますが，fair でもいいところです．fair は dark の反対でして，目の色や肌の色も含めて表しますから髪の色だけを表す blonde より適応範囲の広い形容詞です．

　You haven't. と今度は Dorothy の社交辞令です．Why を Because と同じだと思っている人は，相当存在するのですが，皆さんはそんなことはないと期待します．間投詞ですから，文脈に合致するように，適切な言葉を考えればよいのです．次の only はどうでしょう．ここでは比較的軽く使われているようですが，last night を修飾していると思います．と言っても，せいぜい「つい昨夜も」というような感じです．

girl は「少女」でない　　darker than when I was a girl の darker は金髪が少し茶色っぽくなってきたというのです．a girl は「少女」でしょうか．girl という単語に初めて出会ったのは，日本人の誰にとってもおそらく中学1年の時でしょう．当然「少女」という日本語を当てました．それ以来，条件反射のように girl を見ると「少女」と思って

しまうのでしょうか．実際には，「少女」と訳す時はあまりありません．「若い女性」，「年頃の娘」とする時がずっと多いのです．ここでも Margery の頭には，自分が若い女として多くの男たちに人気のあった頃と中年の今との比較しかありません．課題文の初めから，彼女は最近魅力が失せて，男たちに騒がれなくなったのを気にしています．こういうコンテクストから判断して，この girl は「少女」ではありえないと信じますが，いかがでしょう．had it touched up a little は文字通りには「少々修正させたら（人にばれるかしら）」となります．もっぱら髪の色つやを気にしていますから，具体的には染めることなのでしょう．もちろん，「染める」というのは，口にしたくないので遠回しに「美容師に手を入れさせる」というような言い方にしなくてはいけません．

【訳文】 ド:「パットはなんてハンサムな青年になってきたのでしょう．あなた気をつけなければいけないわ．女がどういうものかって，ご存じでしょう」
マ:「あら，その点心配無用なの．あの子，それは無邪気なのよ．それになにもかも私に打ち明けて話しますの」
ド:「近頃は若い人についてずいぶん下らぬことを言う人がいますわね．でも私たちがあの子たちの年の頃と較べると，半分も知ってはいないと思いますわ」
マ:「体ばかりどんどん大きくなるのは，こちらに迷惑だわ．午前中にパットが帰省したんですけれど，その姿を見たら，とてもショックでしたわよ」
ド:「私は気にしないわ．戦前とは違いますもの．近頃は昔と違って誰もおばあさんにならないんですよ．私なんか娘と一緒に外出すると，いつも姉妹だと思われるの」
マ:「本当に，あなたはダイナより1日だって年上には見えないわね．でもそれは黒髪のせいよ．その点，あなたはずっと得をしていらっしゃるわ．私のように金髪だとくすんでしまうのよ」
ド:「でも，あなたは違うわ．つい昨夜の晩餐の席でだって，そうなのよ，あなたの髪はなんて美しいんでしょうと感心していたくらいだわ」
マ:「娘の頃より数段濃くなってしまっているのよ．美容師に手を入れさせたら気づかれてしまうかしらと，考えているところなの」

《25》

PATTY: I don't know what you're driving at.

DAVID: (*unhappily*) You would if you were a father.

PATTY: Oh. Are you worried about Cynthia?

DAVID: Extremely worried.

PATTY: Is she pregnant?

DAVID: (*startled*) Good God, no! (*suddenly*) What made you ask that question?

PATTY: Well, isn't that what fathers are usually so worried about?

DAVID: I guess it is.

PATTY: My father used to worry himself sick about it. If a boy so much as looked at me, he'd go on and on about hell fire and damnation.

DAVID: Do you believe in that?

PATTY: (*dubiously*) No. But it makes you stop and think.

DAVID: I must make a note of that: speak to Cynthia about hell fire and damnation.

PATTY: Yes, but don't go on and on. That's one reason I left home. Pop never drew the line. When boys took me out on a first date they used to get a load of brimstone right off the bat. It scared them off.

DAVID: I wonder if Cynthia...

PATTY: (*cheerfully*) Look, you needn't worry. I don't know anything about Cynthia, but Don would never do a thing like that. —F. Hugh Herbert

《2》《7》参照.

1 driving at 「〜を言おうとする」.
5 pregnant この芝居の上演された頃は，この語を人前で使う娘は珍しかった.
6 Good God 驚きを表す感嘆詞.
11 worry himself sick 「うんざりする」.
12 so much as 「少しでも〜すると」.
12- go on and on 「うるさく言う」.
13 hell fire and damnation 「業火と地獄行き」が直訳.
15 makes you この you が話し相手でないのは，分かるはず.
17 speak to Cynthia 命令形ではない.
20 Pop never drew the line. draw the line は「一線を画す」「行動を制限する」ということ.
21- a load of brimstone 「硫黄をどっさり」が直訳.
22 right off the bat off the bat だけで「すぐに」. アメリカ口語である. right は強めの副詞.
24 if Cynthia... 省略されているのは何か？
26- Don would never do 「Don なら絶対にしないだろう」.

*　　　　*　　　　*

解　説

これも劇からです．アメリカの F. Hugh Herbert (1897-1958) の喜劇 *The Moon Is Blue* (Random House, 1951) から取りました．モームの劇より 20 年後のものであり，喜劇であり，Patty は若く元気いっぱいのヤンキー娘なので，会話の雰囲気はかなり違います．David は Cynthia の父で遊び人の中年男．Patty は，Cynthia の恋人だった Don と

いう青年と知り合ったばかりです.

『月蒼くして』　　さっそく読んでみましょう. 1行目の driving at は口語で「〜を言おうとする」という意味です. 2行目の would の次に省略されているのは, もちろん know what I'm driving at です. Patty は勘がよく, とくに若い娘として男女関係に興味があるので, David の悩みの種を推測できるようです.「心配でたまらん」というのなら, きっとこれだと見当をつけて, Is she pregnant? と尋ねます. 21世紀の今なら, 若い未婚の女性でも, pregnant という語を男性相手に用いるでしょう. しかし, これは20世紀中葉のことです. セックスのことなどの表現において, アメリカは保守的でした. この劇も, 劇に基づいた映画『月蒼くして』も, Patty の大胆な物言いで保守的な観客にショックを与え, 評判となりました. Patty は根は純情なのですが, 物言いは, あたかも経験豊富な女のようなのです. この時代まだ避妊用ピルなどなくて, pregnant が男女関係における, いわばキーワードの1つでした.

sick の意味　　My father used to 以下に行きましょう. ここでは sick が問題です. 一般常識として, sick はアメリカ英語なら ill と大体同じですが, イギリス英語なら「吐き気がする, 吐く」の意味になります. ここはアメリカ英語ですので「吐く」ではありませんが, そうかといって,「心配のあまり病気になる」というのはいかがでしょ

うか．Pattyの父がそんな弱気の男でないらしいのは，以下のPattyの報告で分かりますね．むしろマッチョ・タイプの強引な男のようです．このsickは，It makes me sick, the way they exploit their workers.「労働者を搾取するやり方にはむかむかする」(*LDCE*), He was worried sick that the factory might close.「工場が閉鎖にならぬかと気分が悪くなるほど心配した」(*COBUILD*)などの例文におけるのと同じです．口語的な使い方で「うんざり」の意味です．so much as は「少しでも～したら」の意味のイディオムです．he'd の 'd は過去の習慣を表す would の省略です．go on 以下は大体見当がつくでしょうか．go on は口語で，「～について話し続ける」ということです．hell fire と damnation は，結婚しないで肉体関係を持ったら，地獄に落ちて責苦にあう，と娘をおどすのでしょう．しかも，くどくどと繰り返して．

　Do you believe in that? では that が hell fire と damnation だと取れましたか．「Cynthia の妊娠」と取ったりしていませんか．

stop and think　　15-16行目，it makes you stop and think の you を話し相手の David と取ると，「おじさんも，遊ぶのをやめて，そのことを考えるといいわ」のような奇妙な訳が生まれます．stop and think はイディオムではないのでしょうが，「手を休めて考える」，「これでいいのかと反省する」という意味でよく使います．make a note of that は「それを覚えておこう」ということから，「いいことを

教えてもらった」と意訳する人もいるでしょう．仲々うまいですね．次の speak を命令形，つまり Patty に「話してやってくれないか」と頼んでいるように取った人はいませんか．違いますよ．正しくは，「娘にそのことを話すのだ，とメモしておこう」ということです．David が父として娘に話すのだということは，次の Patty の「でも，あんまりくどくしてはだめよ」という助言からも明らかです．

イディオムに注目　19-20 行目の That's one reason I left home., ずいぶん簡潔な英語ですね．しかし意味は明瞭でしょう．「家出した」という大仰なことでなく，親の家を出てひとり暮らしを始めたということでしょうが，今では当然のことでも，20 世紀中葉では，不良じみた生き方と取られていたのです．drew (draw) the line はイディオムですから，もし知らなければ，『熟語辞典』などを引いて下さい．口語で「～まではやらない」と出ています．ここは never がついているので，「行き過ぎをやる」ということになります．

1930 年代のデートの作法　When boys took me out のところは，アメリカの昔のデートの作法について知っているとよく分かります．男の子が女の子の家にわざわざ迎えに来るのですね．その時に女の子の両親に「これからお嬢さんをデートにお連れします」といって挨拶をするのです．普通の親なら「では行ってらっしゃい」ぐらいで微笑を浮かべて若い 2 人を送り出すのですが，Patty の父は，どう

やらお説教を，それも激しい言葉でするのですね．これにびっくりして，Pattyの相手は逃げてしまうというのでしょう．get a load of brimstoneですが，brimstoneは普通はsulfurというもので，「硫黄」を意味する古風な言葉です．fire and brimstoneという句が「地獄の業火」の意味で2語結びつけて用いられるので，Pattyはhell fireの繰り返しを避けてbrimstoneを用いたものと思われます．right off the batもイディオムですが，これは口語的で「すぐに」の意味です．最後のDon would never doのwouldは何でしょうか．もちろん仮定法で，他の男ならいざしらず，「Donならば」というif節が言外に含まれているのです．こういう用法について自信のない人は，『英文法解説』の仮定法の解説でよく復習して下さい．

【訳文】　パ：要するに何を言おうとしているのよ．
デ：(しょんぼりと)父親の身になれば分かってもらえるのだが．
パ：ああそうか．シンシアのことを心配しているのね．
デ：心配でたまらん．
パ：赤ちゃんができちゃったの？
デ：(狼狽して)そんなばかなことあるもんか！(だしぬけに)一体なんだってそんなことを言いだすんだい？
パ：だってさ，世の父親というのが一番気にするのはそういうことじゃないの．
デ：そう言われれば，そうかもしれないけど……
パ：家の父なんか，そのことばかり，すーごく気にやんで

いたのよ．男の子があたしをちらっとでも見ようものなら，もう大変．地獄に落ちて火に焼かれるだの何だのって，うるさいこと．
デ：それを本気にするのかい？
パ：(自信なさそうに)してないわ．でもそこまで言われると，待てよって考えることになるわ．
デ：覚えておくことにしよう．シンシアにも地獄の火の恐ろしさを説いてやるようにしよう，とメモしておくよ．
パ：そうね．でも，あまりくどくど言っちゃだめよ．あたしが家を出たのも，そのせいなんだから．家の父は限度を知らない人なの．男の子があたしをデートに誘いにくると，1回目の時から地獄に落ちて責苦にあう話をくどくど聞かせたものよ．おかげでみんな尻尾を巻いて逃げちゃったわ．
デ：どうなんだろうな，シンシアは……
パ：(明るい調子で)ねぇ，心配無用よ．シンシアのことは何も知らないけど，ドンなら，そんなことをやろうとする人じゃないんだから．

7
小説を読む

　文学は言葉の芸術です．音楽が音の芸術，絵画が色の芸術であるのと同じです．従って，文学者が言葉を用いて芸術作品を生み出そうとする態度は，例えば普通の素人が自分の忘れ難い経験を伝えるのに表現に気を配るのとは格段に異なるわけです．しかし，小説の場合，とくに伝統的な作法で書かれた小説の場合は，18世紀中葉にイギリスで近代小説が誕生した時点での条件，つまり，散文で書かれ，fictionであり，普通人の平凡な経験を描く，という素朴な条件を満たしたものであり，他のジャンルのものより近寄りやすいのです．文学のもう1つの主要なジャンルの詩だと，特別の予備知識が要るのですが，それとは違います．小説の英語はこれまで学習してきた新聞，週刊誌，軽いエッセイなどの英語と共通の部分が多いのです．違いを挙げれば，作者独自の言葉の使い方のくせのようなものがあり，時に辞書にないような意味合いをいくつかの単語に持たせることもあります．よくも悪くも文章表現に凝ると申せましょう．読者としては，努力して作者の伝えようとすることを探らねばなりません．

―《26》――

So often now Letty came upon reminders of her own mortality. Less obvious than the obituaries in *The Times* were what she thought of as 'upsetting' sights. This morning, for instance, a woman, slumped on a seat on the Underground platform while the rush hour crowds hurried past her, reminded her so much of a school contemporary that she forced herself to look back, to make quite sure that it was *not* Janet. It appeared not to be, yet it could have been, and even if it wasn't it was somebody, some woman driven to the point where she could find herself in this situation. Ought one to *do* anything? While Letty hesitated, a young woman bent over the slumped figure with a softly spoken inquiry. At once the figure reared itself up and shouted in a loud voice, 'Fuck off!' Then it couldn't be Janet, Letty thought, her first feeling one of relief; Janet would never have used such an expression. But fifty years ago nobody did—things were different now, so that was nothing to go by. In the meantime, the girl moved away with dignity. She had been braver than Letty. ―Barbara Pym

《4》《6》《10》《11》参照.

2- Less obvious... この文の主語は後にある.
2- obituaries in *The Times* イギリスのタイムズ紙の死亡記事は充実していて定評がある.
3- 'upsetting' sights 「ぎょっとさせるような光景」. 引用符があるのはどうしてか.

4 slumped 「(形容詞)ぐったりして」.
5 Underground 「ロンドンの地下鉄」.
9 it could have been 「Jだったとしてもおかしくなかった」「Jであることも充分あった」など工夫すること.
11 she could find この she は Letty か, それとも somebody か？
12 Ought one one は「一般の人」といっても, より直接には Letty を指す.
12 *do* 考えるだけでなく, 行動を促すので, それを強調するためのイタリック体.
14- reared itself up 「むくむくと起き上がる」.
15 'Fuck off!' 日本語ならどんな罵声がいいか. かなり下品なもの.
16 feeling この後に being の省略. 独立分詞構文.
18 nobody did did は何の代わりか.
18 things 漠然と「事情」「世の中」など.
19 go by cf. Don't go by appearance.「外観で判断するな」.

*   *   *

解 説

20世紀のイギリス文学界で地味な存在であった女流小説家の Barbara Pym (1913-80) の小説 *Quartet in Autumn* (Macmillan, 1977) から取りました. 彼女の小説は主に孤独な独身女性の平凡な日常を小説の題材にしており, 長く無視されていましたが, ここ数十年, 再評価されつつあります.

語順を逆にする　　1-2 行目の reminders of her own mortality は文字通りで分かりますね．So often という副詞が強調のために文頭に来ています．「最近は本当によくあるのだけど」のように訳せばよいでしょう．第 2 文で reminders の具体的内容が説明されています．第 2 文は倒置文です．つまり，less obvious を強調するために，主語と動詞の通常の位置が逆になっています．例文としては Happy are those who know the pleasure of making all people happy around.「周囲の人びとすべてを幸せにする喜びを知る人は幸福である」など．第 2 文の主語は当然 what から sights までですね．そしてこれが第 1 文の reminders と同格になります．そしてこの what から sights までが less obvious than the obituaries だというのです．このような考えに従って訳の順序を整えてもよいでしょう．そうしますと「彼女が，うろたえてしまうわ，と感じるような光景はタイムズ紙の死亡記事より明白でなかった」となりますね．訳文では敢えてそうせずに，原文のままの順序に従ってみました．つまり，「reminders とは，obituaries のように明らさまなものでなく，sights なのだった」という流れです．日本語の流れとして，こうしたほうが第 1 文と第 2 文がよく結びつくからです．さらに「～は死亡記事より漠然としていた」のように訳してしまうと，だから取るに足らぬ，無視してよい，というように読めてしまいます．けれども，明白ではなくとも，mortality を思い出させ，敏感な彼女を upset させるに充分なのですから，その点が表に出るように考えて，訳さねばなりません．

'upsetting' sights　　*The Times* の obituaries つまり死亡記事は，日本の通りいっぺんのものより詳しいのが特徴です．'upsetting' sights の upsetting に引用符がついているのは，Letty の造語だからでしょう．upset は物理的にも心理的にも「転倒させる」がぴったりです．「ああいう光景を目撃すると動転してしまうわ」と思うような光景に何度となく出くわす，というのは，もちろん Letty の主観的な思いですね．課題文の後半に出てくる親切な女性は Letty とは違ってまだ若いので，reminder of mortality などとはまったく考えなかったでしょう．ここは Letty が肉体的あるいは精神的におとろえを覚えていることの証しでしょう．

　This morning 以下，いよいよ 'upsetting' sights の中身が語られます．slumped を過去形だと思った人は，まさかいないでしょうが，どうですか．He was sitting slumped over his typewriter, with a knife in his back. 「背中にナイフを刺され，タイプライターの上にうつぶせの姿勢ですわっていた」のように使います．名詞としては「スランプ」として日本語化しています．Underground はイギリスでは「地下鉄」のことで，アメリカでは subway と言うのは周知のことです．U を大文字にするとさらに限定されロンドンの地下鉄のことになります．forced herself to look back というのは，普段は他とかかわりを持つのを好まない性格なのに，この場合は無理して，という感じです．そこで次に to make quite sure... と，はっきりした目的が述べられているのです．

代名詞の指すもの　it could have been (Janet) というのは，分かるようで，案外分かりにくいか，あるいは，日本語にしにくいところかもしれません．仮定法過去完了ですから，一応 Janet でないとして，「もし彼女だったとしても不思議はなかった」のようにするのが普通です．could は「ありえただろう」という感じ．somebody はもちろん「重要人物」というのではないけれど，自分と無関係のまったく気にならない「誰か」というのでもないと思います．訳文ではその点を少し強調してみました．ところで she could find herself の she は誰でしょうか．もしかすると Letty に取りませんでしたか．「自分もこういう立場に身を置きかねない」という思いが，Letty の頭をよぎりますが，でも Letty と取ってよいでしょうか．仮に 10 行目の some 以下が some woman driven to this situation where she could find herself という文であるなら，Letty と取るべきでしょう．しかし，この原文では she は some woman と取るのが妥当です．「こんな状況に自分の身を置くような程度にまで追いこまれた女性」が直訳です．

one と I の差　Ought one to *do* anything? の do がイタリック体になっているのは，たんに傍観するのでなく行動に出ることを強調しています．one は彼女自身を念頭に置きながらの一般的な「人」ですね．ここは描出話法ですので，She said to herself, 'Ought one to do anything?' と書き換えられます．Ought I とするよりも，控え目な，あるいは気取った感じを与えます．Letty の場合は，遠慮深い

人なのでIをあまり使用しないのでしょう．a softly spoken inquiry は「やさしい口調での質問」ではありますが，「そっと，どこかお悪いのですか？ と尋ねた」のようにくだいて表現するといいでしょう．reared itself up を「さっと立ち上がった」としませんでしたか．英英辞典にある rise upright in the back legs という定義に従ったのでしょうが，これは，四つ足の動物の場合ですし，何よりも，うずくまっているのですから，「むくむくと身を起こした」のほうが適切でしょう．

独立分詞構文　　15行目，'Fuck off!' の訳は「うせろ」という意味の相当下品な日本語を探さなくてはコンテクストに合わないでしょう．Then はもちろん「そういうことなら」です．「その時」などと考えた人はいませんね．her first feeling と one of relief の間に being が省略されているのは分かりましたか．分詞の意味上の主語と文の主語とが一致しない場合は，分詞の主語を添えて明示する必要があり，こういうのを独立分詞構文といいます．例文としては，The ceremony〔being〕over, the crowd dispersed. とか He talked on and on, the audience beginning to feel bored. などがあります．

主観か，客観か　　things were different now の things は広く「物事」ですが，この場合は，風俗習慣のことです．次の that was nothing to go by は誤解した人が多かったのではないかと恐れます．「それは判断すべきことではな

かった」というのでは足りません．go by は judge by だと取ったのは結構です．You must not go by appearance. は「外見で判断すべきでない」と訳せます．とすると，「乱暴な言葉遣いは，判断の基準にならない」というのが正しい直訳です．もちろん，判断というのはその浮浪者が Janet か否かについてのことです．the girl が数行上では a young woman となっています．同一人であるのはわかりきったことです．これを「少女」と訳した人は《24》の解説を参照のこと．最後の She had been 以下は，「彼女はレティより勇気があった」という客観的な書き方か，それとも「私よりあの人は勇気があったのだわ」と主観的にレティの心の中をそのまま出したのか．皆さんはどちらを選びますか．この文全体には，客観的な作者による描写と，Letty の心を直接表現した部分が入り混っていますね．この両者は，最後の文のように，絶対にどちらが正しいのか，はっきりしないこともあります．

【訳文】 レティは,自分もいずれ死ぬ身なのだと思わずにはいられぬような出来事に,最近ちょくちょく出会った.タイムズ紙の死亡欄よりは明白でないけれど,彼女が「うろたえてしまうわ」と感じるような光景をよく目撃するのだった.例えば今朝のこと,地下鉄のホームでラッシュ時の人波が急ぎ足でそばを通り過ぎてゆく中を,ベンチにうずくまっている婦人がいた.その姿を見て学校時代の同期生の1人のことをまざまざと思い出したので,レティはそれがジャネットでは絶対にないと確認するために,敢えて振り返ってみた.どうやら別人のようであったが,ひょっとするとジャネットだということもありえた.それに,たとえ旧友でないにしても,どこかの人間であり,こんな状態に身を置きかねない程度にまで追いつめられた同性の1人であるのは確かだ.何かしてあげるべきかしら? レティがためらっている間に,1人の若い女性がうずくまっている婦人の上に身をかがめ,何かやさしい言葉で具合を尋ねた.すると突然その婦人はむくむくと身を起こし,大声で「くそ,あっちに行きやがれ!」とどなった.これではジャネットのはずがない,とレティは考え,まずほっとした気分になった.ジャネットならあんな言葉遣いをするはずがないもの.でも50年前にはあんな言葉遣いの人は誰もいなかった.もう世の中は変わってしまっているのだから,言葉遣いでは決め手にならないわ.レティがそんなことを考えている中に,若い女性は堂々とした態度を崩さずに立ち去った.あの人は私より勇気があったのだわ.

《27》

Arthur, who had a masterly way with meetings, was gathering this one together for a conclusion.

"Are we agreed that the proposal is crackbrained, absurd, could prove incalculably expensive, and violates every dictate of financial prudence? We have all said in our different ways that nobody in his right mind would want anything to do with it. Considering the principles to which the Cornish Foundation is committed, are these not all excellent reasons why we should accept the proposal, and the extension of it we have been discussing, and go ahead?"

He really has musical flair, thought Darcourt. He treats every meeting symphonically. The theme is announced, developed in major and minor, pulled about, teased, chased up and down dark alleys, and then, when we are getting tired of it, he whips us up into a lively finale and with a few crashing chords brings us to a vote.

There are people who cannot bear to come to an end. Hollier wanted more discussion.

"Even if, by a wild chance, it succeeded, what would be the good of it?" he said.

"You have missed my point," said Arthur.

—Robertson Davies

《1》《7》《8》参照.

2 gathering this one together gather together は「集合する」と辞書にあるが,ここは他動詞で少し違う感じではない

か. one はもちろん meeting のこと.
3 crackbrained ＝crazy.
4- violates every dictate 「あらゆる指示に逆らう」が直訳だが, 内容を具体的に考えるとよい.
6- nobody in his right mind would 「誰だって, まともに考えれば～しない」となるので, 仮定法の if の部分がここに隠されている.
8- to which... be committed to は「言質を与えている」ということで, ここは財団なので「公約している」もよい.
9 these すぐ上の principles を指しているのではない. では何を指すか.
10 extension of it 「それ(提案)から派生するもの(計画)」.
11 go ahead 「前進する」の具体的な内容は?
14 developed in major and minor 「長調と短調で展開される」.
21 wild chance 「とんでもない偶然」. ex. wild guess 「あてずっぽう」.

*　　　　*　　　　*

解 説

作品の冒頭　カナダの小説家 Robertson Davies (1913-95) の小説 *The Lyre of Orpheus* (Viking, 1988) の冒頭を読んでみます. 長い作品の冒頭で, これからどんな話が展開するのかまだ判然としません. 登場してくる人物にしても, 一体どういう性格なのか分かりません. 雲をつかむような気分に襲われることもあります. これは英米の読者とて同じで, 読み進むうちに次第に「こういうことだったのか」

と納得がゆくのです．とにかく想像力を働かせつつ，数回通読してみて下さい．

1行目の masterly way with... は「～について絶妙」ということですね．次の gathering...together は gather together の形で辞書には「集合する，招集する」とあるのですが，ここでもそれでよいでしょうか．最後の for a conclusion との結びつきが問題です．会議をしていて，そろそろ討議は打ち切って結論に持って行きたいようです．とすると，「まとめる」とか「総括する」が正しいと思います．

隠れた仮定法　　Are we agreed that...? は「～だと意見が一致しているか」ということで，英和辞典では agreed を形容詞として扱っています．crackbrained は crazy と同じです．violates every dictate 以下では dictate がむずかしい．「指令(に逆らう)」というと，たとえば財団本部から命令が出ているみたいになってしまいます．of financial prudence と続く以上，dictate はもっと抽象的な訳語にしなければいけません．「財政的な配慮に基づく知恵」とか「財政上の分別の命じること」ぐらいがよいでしょう．nobody in his right mind 以下は問題ありませんか．would が気になる人もいましょう．気にして下さい．そのほうがよいのです．「まっとうに頭を働かせていれば」という if が隠されている仮定文だから would を使います．「まともな人はみなこの提案に関係したくないと全員が述べた」とありますね．全員が提案に反対している，と取れます．そ

こが実は問題なのです．

財団の根本方針　　7-8 行目，Considering the principles 以下に行きます．「財団が奉じている方針を考えれば」ということです．be committed to というのは「〜に従うと約束している」ということですので，「財団の公約している根本方針」としてもよいと思います．ところで，課題文全体をよく読めば，この根本方針がどういうものか分かるのですけれど，どうでしょうか，ひとつ考えてみて下さい．その前に，are these not...の these が何を指しているかに触れておきましょう．近くにある複数名詞は principles ですけれど，それなら they で受けるのが普通ですので，他を探して下さい．「こういうことども」，すなわち，この提案について討議して皆が発言したことの数々を指すのです．つまり，crackbrained だとか，金がかかり過ぎるとか，まともな人はかかわりたくない，などの悪評，批判です．「こういうことが，提案を受け入れる立派な理由ではないでしょうか」と Arthur は議長として言っています．しかしその次は「この案を受け入れたり，さらに，案に関する討議を引き続き行う必要はないと考えて，議事を進めてはいかがでしょう」という意味に取ってよいでしょうか．非常識な提案なので拒否するべきだ，という「常識」を働かせていい加減に読むと，そのように解すおそれがあります．

常識を離れて　　さて，根本方針ですが，「まっとうな提案，財政的に無理のない，物笑いなどにならない提案を援

助する」というのがどの財団でも，その方針だと思ってしまいます．だってそれが常識ですから．でも，どうもそこが違っているようです．このコーニッシュ財団は他の財団と違い，風変わりな，ばかに金のかかるプロジェクトにこそ援助を与えるという方針なのですね．こんな方針の財団なんて現実には存在しないかもしれません．じきに財政難でつぶれるでしょう．しかし，こういう「常識」に惑わされて英文を誤読したのではいけないということは，すでに学んだところでしたね．go ahead の具体的内容は「議事を進める」ではなく，「提案を実行に移す」です．

訳文の「合の手」　　結論として，「これらのことは承認すべき立派な理由でありませんか」という日本語にすれば正しいことになります．この場合，「これらのこと」の中身が，奇妙なことばかりなので，「こういうことがあるので，逆に」とか「それなればこそかえって」とかいう，原文に存在しないつなぎの言葉をはさむと訳文の流れがスムーズになると思います．正しく解釈し，筋の通った日本語訳を書こうとしていると，自然にそういう「合の手」が頭に浮かぶようになるものです．

　12 行目の musical flair は「音楽的な才能」ということで，Arthur の議事運営をオーケストラの指揮にたとえるのです．in major and minor は「長調および短調で」ということ．crashing chords は「大音響の和音」です．21 行目の by a wild chance の wild は，wild guess「でたらめの憶測」の wild と同じで「的はずれの」という意味です．

最後の You have missed my point. というのは，当協会の方針は，この提案が役に立つかどうかに関心を持たぬことなのに，Hollier が「何の役に立つのか」などと見当外れの発言をしたのを，たしなめているのです．

【訳文】　会議の運び方については名人だったから，アーサーは今日の会議も巧みにまとめて結論に至らせようとしていた．

「提案が無分別で，馬鹿馬鹿しいもので，莫大な経費を要しそうで，財政面の常識の教えるところをことごとく裏切っている．そういう点で皆さんの意見は一致していますね？　言い方こそ違え，まともに考えて，この提案に手を出そうとするものなど誰もいない，という趣旨のことを全員が発言しましたね．けれども，わがコーニッシュ財団の根本方針に照らして考えてみると，そういう事情があればこそ，まさにこの提案および今まで討議してきた提案から派生する計画を採択して，すぐ実行に移すべきだという結論になりませんかな？」

アーサーには本当に音楽的な才があるな，とダーコートは思った．あの男はすべての会議を交響曲のように扱うのだ．主題が発表され，長調と短調で展開され，引っ張り回され，からかわれ，暗い小道をあっちこっちと追いかけられる．それから皆がうんざりした頃に，はげまして調子のよいフィナーレへと追いこみ，いくつかの威勢のよい和音を響かせつつ全員を票決へと至らせるのだ．

終わることに我慢できない人間も存在する．ホリィアはもっと討論を続行したかった．

「たとえ，まったくの偶然か何かで，成功を収めたとしたところで，それが何の役に立つものだろうか？」とホリィアは発言した．

「わたしの真意を誤解しましたな」とアーサーが答えた．

8
難解な文章に挑戦

これまで学習した成果を問うために，3題ほどむずかしい文を用意しました．腕試しをして下さい．世の中には，いくら考えても理解できない難解な文章も存在していますね．説明を聞いている間はどうにか分かった気がしても，後で1人で読むと再び分からなくなってしまうのです．しかし，ここで紹介する文章は決してそういうものではありません．《1》から《27》までで実力をつけた人なら，大体の見当はつけられましょう．もし充分に味わえない場合でも，解説と訳文を活用したなら，納得できるだろうと信じています．少なくとも，よく分からなかったのは，自分の考え方が足りなかったせいであり，原著者の文章のせいではないと分かるでしょう．そのような意味で，ひとつじっくり考えて理解してみて欲しいと思います．もし今までに得た知識を完全に頭に入れることができれば，今後の自信，度胸につながります．やや難解そうな英文に出くわした時など，「自分はあのジェイムズとトリリングなどを理解したのだぞ！」と思い出せば，途端に目の前の英文は読めると保証します．

―《28》―

　Mr Mallet, whenever he looked at his son, felt extreme compunction at having made a fortune. He remembered that the fruit had not dropped ripe from the tree into his own mouth, and he determined it should be no fault of his if the boy were corrupted by luxury. Rowland therefore, except for a good deal of expensive instruction in foreign tongues and abstruse sciences, received the education of a poor man's son. His fare was plain, his temper familiar with the discipline of patched trousers and his habits marked by an exaggerated simplicity which was kept up really at great expense. He was banished to the country for months together, in the midst of servants who had strict injunctions to see that he suffered no serious harm, but were as strictly forbidden to wait upon him. As no school could be found conducted on principles sufficiently rigorous, he was attended at home by an instructor who had set a high price—high for Mr Mallet—on the understanding that he was to illustrate the beauty of abstinence not only by precept but by example.
　　　　　　　　　　　　　　　—Henry James

《1》から《11》まですべて参照.

2 compunction　財をなしたのを，どうして後悔するのか，考えてみよ．

3- fruit had not dropped...　労せずして財をなしたのでないことのイメージとして面白い．

5 should　すぐに「べき」と取る習慣はやめたい．She shall

go at once. の shall が一人称の意志を表しているのを思い出すこと.

5 **no fault of his** his は父か息子か. このあたり,「～としても, 父の過失ではないようにしようと決意した」が直訳となる. ややむずかしい.

8 **education** これはいつもの同一語の反復を避けるために用いられたもので, instruction と同じというのではない. His fare 以下の説明から判断すると,「しつけ」のことだと分かろう.

9- **temper familiar...trousers** 「気質はつぎはぎのズボンのきびしさに慣れる」と一応直訳してみた上で, じっくり考える. 忍耐の美徳を養われた, ということ.

15 **as strictly forbidden** 前述の「ひどいけがのないように」という指示と同じくらい厳しく禁じられた, ということ.

18 **instructor** 住み込みの家庭教師. 勉学としつけの両方を担当する.

18- **high for Mr Mallet** 「M にとって高い」とはどういうことだろうか.

20- **not only by precept but by example** 「訓戒によってだけでなく実例によっても」.

*　　　*　　　*

解　説

良心の苛責の理由　まずアメリカ生まれで, イギリスに帰化した小説家 Henry James(1843-1916)の初期の *Roderick Hudson*(Macmillan, 1875)からの一節. James は難解だとされていますが, この初期の小説ならそれほどむずか

しくありません．ただ慎重にきめ細かく読む必要があります．Mr Mallet が息子 Rowland を甘やかさずに育てようとした努力が語られているところです．1 行目は自分が財を築いたことへの良心の苛責が述べられています．この人は一代で財をなすことの可能だった時代のアメリカ人として，どうして自分を責める必要があるのかな，とまず読者は疑問に思います．whenever he looked at his son という節がヒントを与えてくれます．つまり，息子のことがなければ，悔恨の念は起きないかもしれないわけです．そこで，第 2 文へ進むと，疑問は解消してきます．

三人称の主語と用いる shall　　the fruit 以下を，「熟した状態で果物が自分の口に入ったことはなかった」としてよいでしょうか．おいしい果物を口にしたことがない，というのは，自分は贅沢を味わったことがないということでしょうか．the fruit は 2 行目の fortune の言い換えですよ．だから，木の下でポカンと口を大きく開けていたら，うまく美味な果物が落ちてきて，やすやすとおいしいものが味わえた，というのではなかったというのです．努力なしで僥倖によって財をなしたのでない，ということです．he determined 以下はどうですか．ここも仲々むずかしいでしょう．でも，should のところは，三人称の shall の用法，つまり，Mary shall pay $100 to Tom.「メアリにトムに 100 ドル払わせよう」を思い出せばいいのです．二人称，三人称の主語と用いた shall は，話者の意志を表す，という用法です．古風な英語ですが，You shall do exactly as

I say. とあれば「何から何まで私の言う通りにせよ」という意味です．これをヒントにして考えて下さい．これを忘れると，「堕落するようなことになっても，自分の責任にはならないと決心した」のように，不充分な訳になってしまいます．「自分の過失のせいではないようにしたい」とすれば，はっきりします．no fault of his の his を息子に取り，「息子自身の落ち度」とした人もいたのではないかと恐れます．訳文では，次の文以下との結びつきを考えて，「育て方のせいにはすまいと決心」のようにしました．つまり親として可能な限り，金持の子らしくない育て方をしようというのです．それにもかかわらず，息子が堕落すれば，それは息子の責任であり，父は関知しない，というのです．

education は「しつけ」　さて，その育て方です．abstruse sciences は化学，物理などの自然科学でしょう．ここの instruction と education は，例の同一語の反復を避けるためというのでなく，前者は「勉学」で後者は「しつけ」です．後者は「全人的教育」としてもよいと思います．His fare 以下の文が，この「全人的教育」の中身になっているのは分かると思います．とすれば，《27》でも触れたような「合の手」，つなぎの言葉として，ここでは「例えば」，「というのは」など原文にない語を補うとよいでしょう．fare は「食事」です．

9-10行目，his temper familiar with the decipline of patched trousers のところは，ややむずかしいでしょう．

「気質はつぎはぎされたズボンのつらさに慣れ親しんでいた」と直訳してみたものの，日本語として通じないのは明らかですね．こういう質素な服によって，我慢強さという美徳を養われた，ということですから，訳にいろいろ工夫して欲しいですね．英語の知識が豊富な人なら次の habits に「衣服」という意味のあるのを知っているでしょう．しかし，ここではそれが躓きの石となります．ここでは一般的な「生活習慣」が正しいのです．この文章だけみれば，「簡素という特色があった」というのですから，「衣服」でも，正しいとも考えられます．けれども次の文まで読むと，やはり「習慣」が正しいと判明するのです．単に衣服だけの問題ではなくなるからです．

説明が鉄則　さて，ここで再び一般論になります．上の「本当は多額の費用で続けられた過度の簡素さ」という表現は，誰にとっても，分かりにくい文章です．抽象度が高過ぎて，想像力も働かせにくい．こういう文を書いたら，筆者は必ず次の文で説明する義務がある．これが英語の文章の鉄則ですね．

　それを納得したところで，12 行目の He was banished 以下を読みますと，なるほどずいぶん費用がかかっていると分かります．具体的な説明ですから，平明に書かれているでしょう．but were as strictly forbidden to wait upon him の as を見落とした人はいませんか．see that he suffered no serious harm「重大な危害を受けぬように見張る」のと同じくらい厳しく，「かしずくな」と命じられた，

ということですよ．

high for Mr Mallet　As no school 以下に進みます．attended at home by an instructor というのは，住み込みの家庭教師に勉強の面でも，しつけの面でも，世話になるということです．住み込みの家庭教師というのは，『ジェイン・エア』という19世紀のイギリス小説にも描かれていますが，女性(governess)のほうが多いようですけれど，ここでは男性です．set a high price on は『熟語辞典』の price の項に「～に高い値をつける」と説明されています．このあたりも，上の great expense の実例になっているのを忘れないで下さい．19行目 he was to illustrate 以下は分かりますか．「節制の美を訓戒によってのみならず実例によっても示すべき（という取り決め）」というところまで見当がつけば，結構です．understanding, precept いずれも，いろいろ意味のある中で，ここにもっとも適切な訳を探すのに骨を折ることでしょう．他は全部分かっていて，1つだけ分からないというのでなく，あっちもこっちも分からない時は，本当に迷います．さて，そういうむずかしい申し合わせに対してのことだとすると，高い給料を頂きたいと，この家庭教師は要求したのでしょうね．もしアルコールの好きな教師だったとしても，Rowland の手前，節酒しなくてはならぬというのですから，この要求も無理からぬところでしょう．最後に high for Mr Mallet を考えましょう．2つ考えられます．大金持なのは分かっていますので，「マレット氏にとってさえも高い」という解釈．

もう1つは，家庭教師から見れば，こんな犠牲を払うのだから高くない，ということになるので，「支払う側から見れば高い」というのかもしれません．どちらがより正しいでしょうか．ここまでくると，絶対にどちらが正しいと言えないかもしれないのですが，私は訳文のように取りました．

【訳文】 マレット氏は息子を見るたびに，自分が一財産築いてしまったことに対して，激しい悔恨の念をいだいた．財産は棚からぼたもち的に入手できたのではないのを思い起こし，氏は息子がぜいたくな生活で身を誤ることがあるにしても，育て方のせいにはすまいと決意した．それ故，ロウランドは外国語と難解な科学についてはぜいたくなレッスンをたっぷり受けたけれど，それ以外の点では貧乏人の息子と同じように育てられた．食事は粗末だし，いつもつぎのあたったズボンをはかせるというしつけによって忍耐心を養われた．生活習慣も極端なまでの質素を旨としたが，実はそうするのに父は多額の費用をかけていた．例えば，何カ月も続けて田舎暮らしをさせられた．周囲に召使いはいて，少年に重いけががないように見張れと厳命されていたが，その一方絶対に甘やかしてはならぬと，やはり厳しく指示されていた．充分に厳格な方針に基づいて経営されている学校はどこにもなかったので，少年は家で家庭教師について学んだ．質素の美徳を少年に説き聞かせるだけでなく，教師自ら範をたれることによって教えて欲しいという依頼に対して，この教師は高い給与 —— といっても支払う側から見ての話だが —— を要求したのであった．

《29》

　Two ideals were to be realized in William Morris's utopia: one was equality; the other was rest, the cessation of all anxious effort. To this end Morris excluded science, philosophy, and high art from his community. His happy people occupy themselves with what he had elsewhere called the "lesser arts," those modest enterprises of the hand which produce useful and decorative objects of daily life. Morris wanted neither the aggressivity of comprehension and control which highly developed mind directs upon the world nor the competitiveness and self-aggrandizement which obtain among those individual persons who commit themselves to the life of thought and creation and which he associates with the worst traits of capitalist enterprise. He wanted no geniuses to distress their less notable fellows by their pre-eminent ability to tell the truth or be interesting, and to shine brighter than the general run of mankind, requiring our submission to the authority of their brilliance, disturbing us with novel ideas and difficult tastes, perhaps tempting some few to emulate them by giving up rest in order to live laborious days and incur the pains of mental fight.

　　　　　　　　　　　　　　—Lionel Trilling

《1》から《11》まですべて参照.

2 rest 「心の平和」.
3 anxious effort 「必死の努力」.
4- community utopia の言い換え.

6 "lesser arts" 「より劣る芸術」. 以下にあるように手造りの美しい工芸品およびその製作技術.
9 aggressivity of comprehension and control 「理解と支配の侵略性」と直訳してから考える. 後述される, 優秀な人間が平凡な人に対して,「自分は何事も分かっているから, お前らを支配してやる」と大きな態度に出ることを指す.
11 self-aggrandizement 「自己拡大欲」.
11 obtain = exist.
12- those individual persons... 「思索と創造の生活に献身する個性豊かな人びと」とはどういう人か. 哲学者, 芸術家であろう.
17 be interesting to に続く. ability to be interesting とは何か. 面白いことを語ったり書いたりする能力だから, 作家, 講演者, 知識人のことか.
17 to shine 15 行目の to distress と同格.
17- general run of mankind 「一般的な人びと」. general = common.
20 perhaps 「多分」でなく「ひょっとすると」. かなり可能性が低い.
21 emulate them them は 15 行目の geniuses を指す.
22 pains of mental fight 「知的苦闘の痛み」.

*　　　*　　　*

解　説

　今度は評論を読みましょう. Lionel Trilling (1905-75) はアメリカの批評家で, 課題文は *Mind in the Modern World* (Viking, 1973) という評論から取りました. William

Morris(1834-96)の描いたユートピアがどういうものだったかを語った文章です．モリスはイギリスの詩人・工芸美術家であり，*News from Nowhere*(1891)という物語でユートピアを描いています．

"lesser arts"　　第1文のrestは「休息」ですけれど，後の文から心に関したものと分かるので，「心の安らぎ」としたほうがよいでしょう．anxious effortは「気がかりな努力」と一応訳しておいて考えてみます．うまく行くかどうかに不安を抱きつつ頑張ることですから，これを停止してよいのなら，誰しもほっとすることでしょう．「神経をすりへらすようながんばり」などと工夫して下さい．第2文でscience, philosophyに並んでhigh artも追放されるとありますが，これは何でしょうか．下に "lesser arts" とあるので，これと関係させて考えなくてはなりません．一応「高尚な芸術」としておいて，また後で考えましょう．his communityとは何でしょう．モリスの考えるユートピアのことですね．すぐ分かるでしょう．次のHis happy peopleのHisも同じことで，「彼の幸せな人びと」とただ直訳したのでは足りません．少し言葉を補って，「彼の理想とする幸せな人びと」，「理想郷で満足して生活する人たち」などとすると，はっきりします．

　"lesser arts"「やや劣る芸術」というのはモリスの命名ですので，具体的にどういうものかは次の説明で初めて分かります．つまり，日常生活に有用であり，しかもきれいなものを手で作る芸術です．artsとなっているので，「技

術」としてもよいでしょう．いわば素人にもやれる手仕事ですので，これに対して，プロの芸術家の美術などを high art と考えているのです．「高尚な芸術」としましたが，そのままでよいと分かりますね．

科学，哲学，芸術追放の理由　8行目の Morris wanted 以下の終わりまでは，上でユートピアから科学，哲学，芸術が追放されると述べられた理由の説明です．これらのものが追放されるというのは，一般的には意外です．当然それなりの理由がなくては人は納得しません．その点を筆者は解明するわけです．上の His happy people から daily life までの一文は，high art を追放して代わりに何をやるのか，という説明だったわけで，Morris wanted 以下では残りの science と philosophy 追放の説明が始まります．さてモリスが嫌った2つのものは何であったか，ここはむずかしいです．まず aggressivity of comprehension and control は「理解と支配の侵略性」と一応日本語に置き換えてみましょう．もちろん，これは分かる日本語ではありませんけれども．次に highly developed mind が知識人や科学者や哲学者のことを言っているのだと見当をつけて下さい．ここを含めてもう一度訳をまとめてみると，「哲学者や科学者が世界に向けている理解力と支配力の攻撃性」となり，少し分かりやすくなったでしょうか．もちろん，これはまだまっとうな日本語ではありませんが，とりあえず，これくらいにしておいて先に進みます．

　モリスがもう1つ嫌っていることは，competitiveness

and self-aggrandizement です．「競争性と自己拡大欲」で，まあ分かりますね．これも 11 行目 which obtain 以下を見ますと，individual persons who commit themselves to the life of thought and creation とあります．つまり「思想や創造の生活に献身している個性的な人」ですから，上の highly developed mind よりも的をしぼって，哲学者と芸術家を指しています．こういう人たちの間に obtain する，とあるので obtain を「存在する」と訳す必要があります．もう 1 つ which がありますが，「なお，そういうものを彼は資本主義の企業の最悪の特徴と結びつけている」と，後から補うように訳しておけばよいと思います．

分かりやすい日本語へ　　さて，再びモリスの嫌いな 2 つのものの中で，2 番目のほうは大体訳せると思いますので，1 番目を分かりやすい日本語にする工夫をしましょう．「知識人が世界のことはよく理解しているんだぞときめつけ，高い立場から支配しようとする態度」くらいに意訳するとよいのではありませんか．「高度に発達した精神が世界に向けている理解力と支配力の攻撃性」で大体分かるという人もいるのなら，それでもいいでしょうけれど，私としては，より分かりやすい日本語の方を好みます．

I can be interesting　　15 行目の He wanted 以下は，真ん中のむずかしい部分を補ったり，言い換えたりしているので，理解しやすくなります．実は，もっともむずかしい箇所をよく理解するには，He wanted 以下を先に読んで

おくのが有利ですよ．ability to be interesting を吟味します．すぐ前の ability to tell the truth は「真実を語る能力」ですから，哲学者のことを指しているというのは見当がつきますね．では「面白くなれる能力」って何でしょう．I can be interesting. という文の中身と訳し方を勉強してみましょうか．「面白くなりうる」，「面白い人でありうる」，「面白い話が語れる」これらのどれでも可能です．エンタテイナーでもよさそうですが，ここでは偉い人のようですから「興味深い物語を書く才能」と見て，物語作家，小説家を指す，と考えてよいと思います．

適当に分けて訳す　　to shine brighter は上の to tell と同格でしょうか，それとも，さらに上の to distress と同格なのでしょうか．後者ですよ．He wanted から始まって最後までの一文はとても長いので，いくつかに切って訳すしかありません．全体として伝わってくるのは，このユートピアでは心の平和と平等がもっとも大事だということ，そして傑出した人物(天才など)は，周囲の平均的な才能の人間を不安にさせたり，うらやましがらせたりするので，その存在を否定する，ということです．この中心的な考えが伝わるように工夫してみて下さい．18行目 requiring our submission のところで急に our が出てきて，その後も us が使われています．これは，上の less notable fellows および general run of mankind と同じです．ですから，their submission, disturbing them とするほうが文法的には正しいのです．この文を日本語にする時，「われわれ」

とすると，不自然ですから，「人」を用いて下さい．天才たちを指す their，them との混用を避け，自分を含める凡人というつもりで our，us を用いたとも考えられます．

　英語の文章のむずかしさは多種多様です．筆者の論理の展開が複雑過ぎてついていけなかったり，普通の辞典にない難解な言葉を用いてあったり，代名詞の指すものが曖昧だったり，と原因はさまざまでしょう．英語のセンスを磨くという目的のために，特に難解な文章を相手にする必要はありません．この章の3つはどうでしょうね．いくら説明と訳文を読んでも，お手上げだったでしょうか．そんなことはないと信じたいです．どうか納得ゆくまで何回も挑戦してみて下さい．

【訳文】　ウィリアム・モリスのユートピアでは2つの理想が実現することになっていた．1つは平等で，もう1つは平静な心，つまり，必死の努力をすべて止めることであった．この目的を達成するためにモリスのユートピアからは，科学，哲学，高尚な芸術が追放されている．ユートピアでのんびり暮らす人びとが従事するのは，モリスが他のところで「気軽な芸術」と呼んでいるもの，つまり，日常生活で用いる有用で装飾性もある品物を作る手仕事である．哲学者や科学者が世界のことは何でも分かるときめつけ高い立場から指導したりするのは，モリスの嫌うことであった．また，思索とか創造の生活にいそしむ個性的な人びとの間に存在する競争心と自己拡大欲も嫌った．競争心と自己拡大欲は資本主義下の企業の忌むべき特徴だと，モリスは考えていた．ユートピアには天才は不要だと彼は考えた．天才は真理を語ったり，興味深い話をしたりする卓越した能力によって，才能に恵まれぬ周囲の者をいらいらさせる．天才は一般人より光り輝くために，その輝きの権威に人が屈服するのを要求し，また，珍奇なアイディアや難解な趣味をふりかざして人を不安にする．ひょっとすると，天才の真似をしようという気を起こす少数の者が現れて，苦労の日々を送り，激しい頭脳労働に打ちこもうとし，ついに「平静な心」を失ってしまうかもしれないのだ．

《30》

Nothing could be more enchanting than Hume's style when he is discussing philosophical subjects. The grace and clarity of exquisite writing are enhanced by a touch of colloquialism—the tone of a polished conversation. A personality—a most engaging personality—just appears. The cat-like touches of ironic malice—hints of something very sharp behind the velvet—add to the effect. "Nothing," Hume concludes, after demolishing every argument in favour of the immortality of the soul, "could set in a fuller light the infinite obligations which mankind have to divine revelation, since we find that no other medium could ascertain this great and important truth." The sentence is characteristic of Hume's writing at its best, where the pungency of the sense varies in direct proportion with the mildness of the expression. But such effects are banished from the History. A certain formality, which Hume doubtless supposed was required by the dignity of the subject, is interposed between the reader and the author; an almost completely latinised vocabulary makes vividness impossible; and a habit of *oratio obliqua* has a deadening effect.

—Lytton Strachey

《4》《6》参照.

1- **Nothing could be more enchanting than…** 形容詞の比較級が否定語と共にある時はよく気をつけること. ここも「～が最も魅力的だ」という中核の意味をまず捉えるべきだ.

1 Hume 18世紀のイギリスの哲学者 David Hume は『人間悟性論』などの哲学書の他に5巻に及ぶ『イギリス史』も書いている.
4- polished conversation 「洗練された口語」.
5 engaging = charming.
6 cat-like touches 猫が足先で軽く触れるようなタッチのこと.
7- hints of...velvet 「ビロードの手触りの陰に何か鋭いものが潜んでいる感じ」.
9- in favour...soul 「霊魂不滅説を支持するような」.
10- set in a fuller light... 「〜をもっと明白な光の中に置く」が直訳で，そこから考えること. ここも比較級と否定語の組み合わせ.
11- divine revelation 「神の啓示，教え」.
12 medium 「手段，方便」.
13 this great and important truth 「この偉大で重要な真実」と訳してよいか？ また，何を指しているのか？
15 pungency 「辛辣さ」.
15- varies in direct proportion with... 「〜と正比例して変化する」が直訳. その意味は？
19 the subject 『イギリス史』という主題.
20- latinised vocabulary 「ラテン語系の語彙」.
22 *oratio obliqua* 「間接話法」.
22 deadening effect 「減殺するような効果」.

*　　　*　　　*

解　説

イギリスの新しい伝記文学の創始者とされる Lytton Strachey (1880-1932) の *Portraits in Miniature* (1931) に収

められた David Hume 論からの抜粋です．単語，構文などとりわけ難しいものはないようですが，とても手ごわいですよ．私が以前に『英語青年』で英文解釈欄を二十数年担当していた時，もっとも正解者が少なかった課題文がこれだったのです．この欄の投稿者は英検1級レベルの人が多かったのですが，ほぼ全滅でした．多くの日本人学習者にとっての難問と認めてよいと思います．自信のある方も，手ぐすね引いて挑戦してみてください．同じヒュームが，哲学書を書く時と，歴史書を書く時とでは文体がまるで違う．哲学書の文体がずっと上質だと論じています．

比較級と否定語　Nothing could 以下について，注釈では，形容詞の比較級と否定語との組み合わせは間違いやすいと述べましたが，ここは than 以下が表面に出ているので，大丈夫です．問題は than 以下が表面に出ていない場合です．下の fuller light の箇所が正に無い場合でして，誰にとっても難しいので要注意です．さて are enhanced．このような場合，is が普通ですが，どうして are なのでしょうか．作者が主語の grace と clarity とを分けて考えたからです．訳文にそのことを，出来れば反映させたいですね．

　A personality...just appears．どこに現れるのでしょうか？　まさか舞台上などではないですね！　作者の魅力的な個性が文章の間からひょっこり顔を出す，ということです．just は「まさしく」でも「はっきり」でも結構．要するに強めですから．下にあるように『イギリス史』の文章では絶対にありえない現象なのです．The cat-like touches 以下については,「皮肉な悪意をこっそりさっと出すような筆致」ですね. 猫の手の出し方の比喩でしょう. add to the effect は「その効果を増す」でよいのですが, the effect が上の grace and clarity という文体の特徴を指しているのを忘れないように.

哲学者と霊魂不滅説　もっとも誤りの多かった箇所に行きます. demolishing every argument 以下を「霊魂不滅に反対する全ての論議を論破した」と考えた人はいませんか？ もちろん正解は「霊魂不滅を支持する全ての論議を論破した」ですが, そのように解しながらも, 一般に哲学者と呼ばれている人は霊魂不滅を信じているだろうに, 変だな？ と思いませんでしたか？

　大学の入試での英文解釈問題で, 常識のために誤読した例を《8》で解説しましたね. あの場合と同じように, ヒュームは哲学者であり, 哲学者というものは肉体よりも精神を尊ぶから, 恐らく宗教心も篤いだろう, だから霊魂の不滅を支持するだろう, と考えるのも無理はないでしょう. 正しい英文解釈には「常識」に迷わされない態度も時に必要です. この課題文が難解だったのはこのような思い込みが一因だったかもしれません.

than の次を補う　問題の核心は, 表面に出ていない than〜の補い方です. 正解は than the immortality of the soul です. つまり, ここは「霊魂の不滅説くらい, 人間が天啓のお世話になっていることを明らかにするものは他

にない」→「人間がどれほど天啓のお世話になっているかを最も明確に示すのは霊魂不滅説だ」という意味です。No other medium も正確な解釈には than 以下を補って考える必要があります。探してください。than divine revelation です。ヒュームがここで述べたことを要約すると，「霊魂の不滅などあり得ないのに，多くの人がそれを信じている．不滅を確認する手立ては，天啓，神の導き，つまり神様がそうおっしゃっているからという以外にないじゃないか！」となりますね．

大事な初歩的勉強　ここで，初歩的な勉強になりますが，江川泰一郎先生の『英文法解説』にも詳しい解説がなぜかない事項なので，否定語と比較表現の組み合わせについて平易な例文を出しておきます．I hear she has passed the difficult exam. Nothing shows more clearly that she is a brilliant student. 2つ目の文を「彼女が優秀な学生であることをはっきり示すものは何もない」というのが誤りだと分かりますね？　これを「これくらい明確に彼女が優秀な学生だと示すものは他にない」とか，もっとくだいて，「このことで，彼女がこの上なく優秀な学生であるのがよく分かる」と訳せるように練習しましょう．そうすれば，I couldn't agree with you more. を「私は君の意見に大賛成だ」と正しく訳せるようになるでしょう．

皮肉な表現　ヒュームに戻ります．This great and important truth が the immortality of the soul を指している

のは，見当がついたでしょうか？　これも難しいです．見当がついた人が，次に疑問に思うのは，ヒュームが信じていない霊魂不滅を「偉大で重要な真実」と表現しているのは奇妙だ，という点です．本当に「真実」だと思っているはずがありませんね．だからこれは皮肉な表現だ，と気づいて下さい．great や important について辞書に《反語，皮肉》として用いることもあるという注はありません．反語でよく使う nice なら，すべての辞書にこういう注があります．でもコンテクスト次第で，すべての語が反語に使われることがあるのです．

【訳文】　哲学的な主題を論じるときのヒュームの文体くらい魅力的なものはない．見事な文体の優雅さと明快さの双方が，僅かばかりの談話体というか，洗練された会話口調というか，そういうもののお蔭で一段と効果を挙げている．文章の中に作者の個性が，それも大変に魅力的な個性がまさに彷彿するのである．意地悪な皮肉をこっそり示す猫の手さながらの筆遣い —— 滑らかなビロードの背後に何か尖ったものが隠されているという感じと言ってもよい —— が文体の魅力を増している．一例を挙げよう．霊魂不滅を支持する論拠をことごとく粉砕した上で，結論として「われわれ人間共が神様の啓示に無限の恩義を受けていることを，霊魂不滅説ぐらい明確に示すものは他にないでしょうなあ．何しろ，どう考えてみたって，こういう勿体ないようなお説を証明してくれる手立てなど，神様の啓示以外にはありえないのですからね」とヒュームは述べている．この文は

最上のヒュームの文体の特色を遺憾なく発揮していて,表現の穏やかさに正比例して皮肉の度合いが高まっている.
しかし,こういう文章の面白さは『イギリス史』にはまったく見られない.主題の重大さの故にある種の堅苦しさが必要だと,明らかにヒュームが考えたために,著者と読者の間に堅苦しさが介在している.ほぼ終始一貫して用いられているラテン語系の語彙によって明快さは失われ,間接表現のお蔭で文章に張りがなくなっている.

あとがき

　まず本書の表紙カバーにある An advanced reader of English is one on whom nothing is lost. という格言のような文の出所をお話ししましょう．これは本書でも取り上げたアメリカの作家ヘンリー・ジェイムズの『小説の技法』という小説論にある，小説家を志す若者への助言として述べられた Try to be one of the people on whom nothing is lost. というのを真似たのです．いろいろ経験を積むのもよいけれど，それ以上に大事なのは，鋭敏な感受性によって，見るもの，聞くもの，感じるものなど，すべてを逃さず捉えることだ，という内容です．こういう姿勢が，母語でない英文を読む場合にも大切だと思います．目の前にある英文を機械的に日本語に置き換えるのではなく，コンテクストを検討し，書き手の態度を探り，慎重に過不足なく，原文の意味を理解するという姿勢です．初級，中級の段階では無理だとしても，上級になれば，是非ともこのようにして欲しい．そう考えて本書のどの部分も書いたので，このモットーを英文解読の理想として掲げました．

　「まえがき」にあるように，本書は私が16年に及んで担当してきた『英語青年』の英文解釈のコラムでの経験を生かして執筆したものです．毎回全国から送られてくる投稿者の訳文から多くのヒントを得ました．長年にわたって投稿してくれた人たちに感謝します．また『英語青年』の歴

代の編集者である守屋岑雄,山田浩平,津田正の三氏からは,常に良い助言を得ました.

舞台裏の話になりますが,本書の最初の企画では『英語青年』に載ったものを単行本向けに編集すればよい,書き直しも最低限でよいと考えていました.ところが,月刊雑誌の読者と単行本の読者は当然違うわけで,大規模な加筆訂正が必要であると分かり,結果的には,初めからすっかり書き直しました.この間,岩波書店の編集部のいろいろな方にお世話になりました.とりわけ担当の古川義子さんには,企画の段階から完成に至るまでサポートしていただきました.特に読者に成り代わって疑問を呈するという方法で,私の説明不足や舌足らずな解説を改善するのに力となってくれました.古川さん並びに校正担当者に感謝します.

江川泰一郎先生はその名著『英文法解説』から自由に引用する寛大な許可を与えて下さいました.また畏友浅野博氏は『フェイバリット英和辞典』から自由に定義や用例を用いることを大目にみてくれました.東京大学の学部と大学院を通じての私の教え子で,『英語青年』のコラムの長年の投稿者でもあり,現在神戸市外国語大学の助教授である西川健誠氏は,何回ものメールにより本書の誕生になにかと力を貸してくれました.インディアナ大学の Alvin Rosenfeld 教授はその Primo Levi 論の一部を本書に使用する許可を,37年にわたる友情から快諾してくれました.

その他ここで名前をあげない人々の援助もあり,ようやく本書は完成に至りました.小さい書物ではありますが,

私としては恩師の朱牟田夏雄，上田勤両教授から直接学んだ東大教養学科の英文精読の方法の伝統を，現在に生かしたつもりでおります．

行 方 昭 夫

現代文庫版あとがき

　単行本として 2003 年 1 月に初版が出た『英語のセンスを磨く』が幸い版を重ねた後，このたび岩波現代文庫として出ることになり，新しい読者に気軽に手に取って頂けるのを嬉しく思います．この機会にいくつかの変更をしましたので，旧版を読んで下さった読者にも役立つ増補改訂版になったと存じます．

1. 旧版の表現不足な箇所を修正．
2. 課題文が切りの良い 30 題となるように 1 題追加．
3. 週刊誌 *Time* からの 4 題《1》《5》《9》《14》は版権のため使用不能になり，同じ解釈上の問題点を持つ他の原文に差し替え．

　ご存じのように，本書の旧版が出てから今までの間に日本での英語教育はかなり変化しました．簡単に言えば，会話に一段と重点が置かれるようになったわけです．2020 年のオリンピックに備えるためと称して，誰も彼も英語を喋れるようになりたいと狂奔しているかに見えます．
　そのような時代にあって，じっくり腰を据えて，精読力を身につけようと考える読者に敬意を表します．英語を読み，書き，話し，聴く能力のどれも大事です．ただ 4 技能の全てを同じレベルまで身につけるのは日本では無理です．

とりわけ，英語と日本語のようにあらゆる面で異なる言語同士の場合，会話力を身につけるのは「労多くして功少なし」なのです．例えば，英語の親類のような言語を生まれながらに喋っているスウェーデンでは，外国人と接する職業の人は誰も彼も英会話が得意ですが，特別多くの時間をかけて勉強した結果ではないのです．

　読む力なら，頑張れば英米人に負けないレベルまで到達可能です．自分一人でも本さえあれば一生楽しめる能力です．多くの方にその力をつけて頂きたいという思いから，本書では懇切丁寧な説明を心がけました．ただし，読み方を説いているのでして，訳し方ではないので誤解しないで下さい．本書での一番大事な目的は英語を正確に読むことです．必要なければ翻訳しなくてもよいのです．本書で「どう訳すか？」などと私がよく読者に問いかけていますが，それは原文を正しく理解したかどうかを知るのに便利だからに過ぎません．

　今回は旧版を編集して下さった古川義子さんから引き継いで下さった入江仰さんにすっかりお世話になり，とても仕事が円滑に運びました．こころからお礼申し上げます．

　　2017 年 7 月

行 方 昭 夫

本書は 2003 年 1 月,岩波書店より刊行された.

英語のセンスを磨く――英文快読への誘い

2017年9月15日　第1刷発行
2023年12月15日　第7刷発行

著　者　行方昭夫
　　　　なめかたあきお

発行者　坂本政謙

発行所　株式会社　岩波書店
　　　　〒101-8002 東京都千代田区一ツ橋2-5-5
　　　　案内 03-5210-4000　営業部 03-5210-4111
　　　　https://www.iwanami.co.jp/

印刷・精興社　製本・中永製本

© Akio Namekata 2017
ISBN 978-4-00-602292-1　Printed in Japan

岩波現代文庫創刊二〇年に際して

二一世紀が始まってからすでに二〇年が経とうとしています。この間のグローバル化の急激な進行は世界のあり方を大きく変えました。世界規模で経済や情報の結びつきが強まるとともに、国境を越えた人の移動は日常の光景となり、今やどこに住んでいても、私たちの暮らしは世界中の様々な出来事と無関係ではいられません。しかし、グローバル化の中で否応なくもたらされる「他者」との出会いや交流は、新たな文化や価値観だけではなく、摩擦や衝突、そしてしばしば憎悪までをも生み出しています。グローバル化にともなう副作用は、その恩恵を遥かにこえていると言わざるを得ません。

今私たちに求められているのは、国内、国外にかかわらず、異なる歴史や経験、文化を持つ「他者」と向き合い、よりよい関係を結び直してゆくための想像力、構想力ではないでしょうか。

新世紀の到来を目前にした二〇〇〇年一月に創刊された岩波現代文庫は、この二〇年を通して、哲学や歴史、経済、自然科学から、小説やエッセイ、ルポルタージュにいたるまで幅広いジャンルの書目を刊行してきました。一〇〇〇点を超える書目には、人類が直面してきた様々な課題と、試行錯誤の営みが刻まれています。読書を通した過去の「他者」との出会いから得られる知識や経験は、私たちがよりよい社会を作り上げてゆくために大きな示唆を与えてくれるはずです。

一冊の本が世界を変える大きな力を持つことを信じ、岩波現代文庫はこれからもさらなるラインナップの充実をめざしてゆきます。

（二〇二〇年一月）

岩波現代文庫［文芸］

B338-339 ハルコロ (1)(2)
石坂啓 漫画
本多勝一 原作
萱野茂 監修

一人のアイヌ女性の生涯を軸に、日々の暮らしや祭り、誕生と死にまつわる文化など、アイヌの世界を生き生きと描く物語。〈解説〉本多勝一・萱野茂・中川裕

B340 ドストエフスキーとの旅
――遍歴する魂の記録――
亀山郁夫

ドストエフスキーの「新訳」で名高い著者が、生涯にわたるドストエフスキーにまつわる体験を綴った自伝的エッセイ。〈解説〉野崎歓

B341 彼らの犯罪
樹村みのり

凄惨な強姦殺人、カルトの洗脳、家庭内暴力と息子殺し……。事件が照射する人間と社会の深淵を描いた短編漫画集。〈解説〉鈴木朋絵

B342 私の日本語雑記
中井久夫

精神科医、エッセイスト、翻訳家でもある著者の、言葉をめぐる多彩な経験を綴ったエッセイ集。独特な知的刺激に満ちた日本論。〈解説〉小池昌代

B343 ほんとうのリーダーのみつけかた 増補版
梨木香歩

誰かの大きな声に流されることなく、自分自身で考え抜くために。選挙不正を告発した少女をめぐるエッセイを増補。〈解説〉若松英輔

2023.11

岩波現代文庫［文芸］

B333 寄席育ち 三遊亭圓生

圓生みずから、生い立ち、修業時代、芸談、噺家列伝などをつぶさに語る。綿密な考証も施され、資料としても貴重。〈解説〉延広真治

B334 六代目圓生コレクション 明治の寄席芸人 三遊亭圓生

圓朝、圓遊、圓喬など名人上手から、知られざる芸人まで。一六〇余名の芸と人物像を、六代目圓生がつぶさに語る。〈解説〉田中優子

B335 六代目圓生コレクション 寄席楽屋帳 三遊亭圓生

『寄席育ち』以後、昭和の名人として活躍した日々を語る。思い出の寄席歳時記や風物詩も収録。聞き手・山本進。〈解説〉京須偕充

B336 六代目圓生コレクション 寄席切絵図 三遊亭圓生

寄席が繁盛した時代の記憶を語り下ろす。各地の寄席それぞれの特徴、雰囲気、周辺の街並み、芸談などを綴る。全四巻。〈解説〉寺脇研

B337 コブのない駱駝 ――きたやまおさむ「心」の軌跡―― きたやまおさむ

ミュージシャン、作詞家、精神科医として活躍してきた著者の自伝。波乱に満ちた人生を自ら分析し、生きるヒントを説く。鴻上尚史氏との対談を収録。

2023.11

岩波現代文庫［文芸］

B328 冬の蕾 ―ベアテ・シロタと女性の権利― 樹村みのり

無権利状態にあった日本の女性に、男女平等条項という「蕾」をもたらしたベアテ・シロタの生涯をたどる名作漫画を文庫化。〈解説〉田嶋陽子

B329 青い花 辺見庸

男はただ鉄路を歩く。マスクをつけた人びとが彷徨う世界で「青い花」の幻影を抱え……。災厄の夜に妖しく咲くディストピアの"愛"と"美"。現代の黙示録。〈解説〉小池昌代

B330 書聖 王羲之 ―その謎を解く― 魚住和晃

日中の文献を読み解くと同時に、書作品をつぶさに検証。歴史と書法の両面から、知られざる王羲之の実像を解き明かす。

B331 霧の犬 ―a dog in the fog― 辺見庸

恐怖党の跋扈する異様な霧の世界を描く表題作ほか、殺人や戦争、歴史と記憶をめぐる終わりの感覚に満ちた中短編四作を収める。終末の風景、滅びの日々。〈解説〉沼野充義

B332 増補 オーウェルのマザー・グース ―歌の力、語りの力― 川端康雄

政治的な含意が強調されるオーウェルの作品群に、伝承童謡や伝統文化、ユーモアの要素を読み解く著者の代表作。関連エッセイ三本を追加した決定版論集。

2023.11

岩波現代文庫［文芸］

B323 可能性としての戦後以後　加藤典洋

戦後の思想空間の歪みと分裂を批判的に解体し大反響を呼んできた著者の、戦後的思考の更新と新たな構築への意欲を刻んだ評論集。〈解説〉大澤真幸

B324 メメント・モリ　原田宗典

死の淵より舞い戻り、火宅の人たる自身の半生を小説的真実として描き切った渾身の作。懊悩の果てに光り輝く魂の遍歴。

B325 遠い声　―管野須賀子―　瀬戸内寂聴

大逆事件により死刑に処せられた管野須賀子。享年二九歳。死を目前に胸中に去来する、恋と革命に生きた波乱の生涯。渾身の長編伝記小説。〈解説〉栗原康

B326 一〇一年目の孤独　―希望の場所を求めて―　高橋源一郎

「弱さ」から世界を見る。生きるという営みの中に何が起きているのか。著者初のルポルタージュ。文庫版のための長いあとがき付き。

B327 石の肺　―僕のアスベスト履歴書―　佐伯一麦

電気工時代の体験と職人仲間の肉声を交えアスベスト禍の実態と被害者の苦しみを記録した傑作ノンフィクション。〈解説〉武田砂鉄

2023.11

岩波現代文庫［文芸］

B318 振仮名の歴史　今野真二

「振仮名の歴史」って？ 平安時代から現代まで続く「振仮名の歴史」を辿りながら、日本語表現の面白さを追体験してみましょう。

B319 上方落語ノート 第一集　桂米朝

上方落語をはじめ芸能・文化に関する論考・考証集の第一集。「花柳芳兵衛聞き書」「ネタ裏おもて」「考証断片」など。
〈解説〉山田庄一

B320 上方落語ノート 第二集　桂米朝

名著として知られる『続・上方落語ノート』を文庫化。「落語と能狂言」「芸の虚と実」「落語の面白さとは」など収録。
〈解説〉石毛直道

B321 上方落語ノート 第三集　桂米朝

名著の三集を文庫化。「先輩諸師のこと」「不易と流行」「天満・宮崎亭」「考証断片・その三」など収録。〈解説〉廓正子

B322 上方落語ノート 第四集　桂米朝

名著の第四集。「考証断片・その四」「風流昔噺」などのほか、青蛙房版刊行後の雑誌連載分も併せて収める。全四集。
〈解説〉矢野誠一

2023.11

岩波現代文庫［文芸］

B313 惜櫟荘の四季 佐伯泰英

惜櫟荘の番人となって十余年。修復なった後も手入れに追われ、時代小説を書き続ける毎日が続く。著者の旅先の写真も多数収録。

B314 黒雲の下で卵をあたためる 小池昌代

誰もが見ていて、見えている日常から、覆いがはがされ、詩が詩人に訪れる瞬間。詩人は詩をどのように読み、文字を観て、何を感じるのか。〈解説〉片岡義男

B315 夢 十 夜 近藤ようこ漫画 夏目漱石原作

こんな夢を見た——。怪しく美しい漱石の夢の世界を、名手近藤ようこが漫画化。描き下ろしの「第十一夜」を新たに収録。

B316 村に火をつけ、白痴になれ 伊藤野枝伝 栗原康

結婚制度や社会道徳と対決し、貧乏に徹しわがままに生きた一〇〇年前のアナキスト、伊藤野枝。その生涯を体当たりで描き話題を呼んだ爆裂評伝。〈解説〉ブレイディみかこ

B317 僕が批評家になったわけ 加藤典洋

批評のことばはどこに生きているのか。その営みが私たちの生にもつ意味と可能性を、世界と切り結ぶ思考の原風景から明らかにする。〈解説〉高橋源一郎

2023.11

岩波現代文庫［文芸］

B307-308 赤い月（上・下） なかにし礼

終戦前後、満洲で繰り広げられた一家離散の悲劇と、国境を越えたロマンス。映画・テレビドラマ・舞台上演などがなされた著者の代表作。〈解説〉保阪正康

B309 アニメーション、折りにふれて 高畑 勲

自らの仕事や、影響を受けた人々や作品、苦楽を共にした仲間について縦横に綴った生前最後のエッセイ集、待望の文庫化。〈解説〉片渕須直

B310 花の妹 岸田俊子伝 ―女性民権運動の先駆者― 西川祐子

京都での娘時代、自由民権運動との出会い、政治家・中島信行との結婚など、波瀾万丈の生涯を描く評伝小説。文庫化にあたり詳細な注を付した。〈解説〉和崎光太郎・田中智子

B311 大審問官スターリン 亀山郁夫

自由な芸術を検閲によって弾圧し、政敵を粛清した大審問官スターリン。大テロルの裏面と独裁者の内面に文学的想像力でせまる。文庫版には人物紹介、人名索引を付す。

B312 声の力 ―歌・語り・子ども― 河合隼雄 阪田寛夫 谷川俊太郎 池田直樹

童謡、詩や絵本の読み聞かせなど、人間の肉声の持つ力とは？ 各分野の第一人者が「声」の魅力と可能性について縦横無尽に論じる。

2023.11

岩波現代文庫［文芸］

B301-302 またの名をグレイス（上・下）
マーガレット・アトウッド
佐藤アヤ子訳

十九世紀カナダで実際に起きた殺人事件を素材に、巧みな心理描写を織りこみながら人間存在の根源を問いかける。ノーベル文学賞候補とも言われるアトウッドの傑作。

B303 塩を食う女たち
――聞書・北米の黒人女性
藤本和子

アフリカから連れてこられた黒人女性たちは、いかにして狂気に満ちたアメリカ社会を生きのびたのか。著者が美しい日本語で紡ぐ女たちの歴史的体験。〈解説〉池澤夏樹

B304 余白の春
――金子文子――
瀬戸内寂聴

無籍者、虐待、貧困――過酷な境遇にあって自らの生を全力で生きた金子文子。獄中で自殺するまでの二十三年の生涯を、実地の取材と資料を織り交ぜ描く、不朽の伝記小説。

B305 この人から受け継ぐもの
井上ひさし

著者が深く関心を寄せた吉野作造、宮沢賢治、丸山眞男、チェーホフをめぐる講演・評論を収録。真摯な胸の内が明らかに。〈解説〉柳広司

B306 自選短編集 パリの君へ
高橋三千綱

売れない作家の子として生を受けた芥川賞作家が、デビューから最近の作品まで単行本未収録の作品も含め、自身でセレクト。岩波現代文庫オリジナル版。〈解説〉唯川恵

2023.11

岩波現代文庫［文芸］

B296 三国志名言集
井波律子

波瀾万丈の物語を彩る名言・名句・名場面の数々。調子の高さ、響きの楽しさに、思わず声に出して読みたくなる！　情景を彷彿させる挿絵も多数。

B297 中国名詩集
井波律子

前漢の高祖劉邦から毛沢東まで、選び抜かれた珠玉の名詩百三十七首。人が生きることの哀歓を深く響かせ、胸をうつ。

B298 海うそ
梨木香歩

決定的な何かが過ぎ去ったあとの、沈黙する光景の中にいたい――。いくつもの喪失を越えて、秋野が辿り着いた真実とは。
〈解説〉山内志朗

B299 無冠の父
阿久悠

舞台は戦中戦後の淡路島。「生涯巡査」の父をモデルに著者が遺した珠玉の物語が文庫に。父親とは、家族とは？　〈解説〉長嶋 有

B300 実践 英語のセンスを磨く
――難解な作品を読破する――
行方昭夫

難解で知られるジェイムズの短篇を丸ごと解説し、読みこなすのを助けます。最後まで読めば、今後はどんな英文でも自信を持って臨めるはず。

2023.11

岩波現代文庫［文芸］

B291 中国文学の愉しき世界
井波律子

烈々たる気概に満ちた奇人・達人の群像、壮大にして華麗な中国的物語幻想の世界！ 中国文学の魅力をわかりやすく解き明かす第一人者のエッセイ集。

B292 英語のセンスを磨く
――英文快読への誘い――
行方昭夫

「なんとなく意味はわかる」では読めたことにはなりません。選りすぐりの課題文の楽しく懇切な解読を通じて、本物の英語のセンスを磨く本。

B293 夜長姫と耳男
坂口安吾原作
近藤ようこ漫画

長者の一粒種として慈しまれる夜長姫。美しく、無邪気な夜長姫の笑顔に魅入られた耳男は、次第に残酷な運命に巻き込まれていく。
【カラー6頁】

B294 桜の森の満開の下
坂口安吾原作
近藤ようこ漫画

鈴鹿の山の山賊が出会った美しい女。山賊は女の望むままに殺戮を繰り返す。虚しさの果てに、満開の桜の下で山賊が見たものとは。
【カラー6頁】

B295 中国名言集 一日一言
井波律子

悠久の歴史の中に煌めく三六六の名言を精選し、一年各日に配して味わい深い解説を添える。毎日一頁ずつ楽しめる、日々の暮らしを彩る一冊。

2023.11